Friedrich Nietzsche

# Die Kunst der Gesundheit

VERLAG KARL ALBER

Wie kein anderer Denker hat Nietzsche die vitale Dimension des Daseins philosophisch akzentuiert, hat er »am Leitfaden des Leibes« philosophiert. Die Fragilität seiner eigenen Existenz, seine Einsamkeit, seine Krankheiten, seine vielfältige Abhängigkeit von Bedingungen des äußeren Lebens wie Ort, Klima, Ernährung usw. haben ihn gelehrt, deren lebenspraktische Relevanz gründlicher zu durchdenken und diesen »nächsten Dingen« gegenüber achtsam zu bleiben. Sie bergen Chancen einer gesteigerten Existenz, und wer sie vernachlässigt, lebt unter Umständen an seinen Möglichkeiten vorbei. Gesundheit ist für Nietzsche mithin nicht statisch und eindimensional. Der Weg zu ihr führt über die Kunst, selbstverantwortlich seine Lebensbedingungen und -bedürfnisse immer wieder zu prüfen, aktiv und kreativ zu gestalten und umzugestalten. Jeder muss (und kann) seine *eigene* Gesundheit finden; sie ist ein Prozess, dessen Dynamik er selbst beeinflusst. Gesünder werden heißt für Nietzsche: langsamer, achtsamer werden, seine eigenen Rhythmen finden, heißt auch: Spannungen, Leiden und Schmerz als bewegende Kräfte dieses Prozesses annehmen zu lernen.

## Die Herausgeber

Die Germanisten Mirella Carbone und Joachim Jung waren 15 Jahre Kuratoren des Nietzsche-Hauses in Sils-Maria (Engadin). Heute wirken sie als dessen wissenschaftliche Mitarbeiter und leiten das Silser Kulturbüro KUBUS des Instituts für Kulturforschung Graubünden (ikg). Sie führen jährlich die Silser Kunst- und LiteraTourtage durch und bieten zudem ein reiches Vortrags- und Seminarprogramm zu literarischen, philosophischen, kunst- und kulturgeschichtlichen Themen an, zu denen sie immer wieder auch Kulturwanderungen im Engadin und den Bündner Südtälern durchführen.

Friedrich Nietzsche

# Die Kunst der Gesundheit

Herausgegeben von
Mirella Carbone und
Joachim Jung

Verlag Karl Alber Freiburg / München

Neuausgabe von »Langsame Curen. Ansichten zur Kunst der Gesundheit«, herausgegeben von Mirella Carbone und Joachim Jung, Verlag Herder, Freiburg 2000

MIX
Papier aus verantwortungsvollen Quellen
FSC® C083411

3. Auflage 2017


www.verlag-alber.de

Coverfoto: © Joachim Jung
Satz: SatzWeise, Föhren
Herstellung: CPI books GmbH, Leck

Printed in Germany

ISBN 978-3-495-48515-6

# Inhalt

# Vorwort

> »Wahrheitssinn. – Ich lobe mir eine jede Skepsis, auf welche mir erlaubt ist zu antworten: ›Versuchen wir's!‹ Aber ich mag von allen Dingen und allen Fragen, welche das Experiment nicht zulassen, Nichts mehr hören. Diess ist die Grenze meines ›Wahrheitssinnes... denn dort hat die Tapferkeit ihr Recht verloren«

Nietzsche und die Kunst der Gesundheit? – Manch einer mag sich bei dieser Kombination skeptisch fragen, was denn wohl dabei herauskommen kann, ausgerechnet jenen Denker zum Thema Gesundheit zu befragen, dessen Biographie sich eher als fortgesetzte, zuletzt in geistiger Umnachtung kulminierende Krankengeschichte liest. Tatsächlich waren chronische Leiden Nietzsches Lebensbegleiter: Da ist zunächst die schon beim Vierjährigen diagnostizierte Kurzsichtigkeit, die zu Beginn seiner Basler Professorenzeit bereits zweistellige Dioptrien-Werte erreicht hat. Hinzu tritt gegen Ende der Studienzeit ein Magen-Darm-Leiden, das sich – offenbar verstärkt durch eine schlecht auskurierte Ruhrinfektion – bald zu einer chronischen Gastritis entwickelt. Schließlich die anfallartig auftretenden, heftigen Kopfschmerzen, die sich seit Anfang der 70er Jahre häufen, oft mit Erbrechen verbunden sind und sich nicht zuletzt in Phasen höherer physischer oder psychischer Belastung – z. B. auf Reisen oder beim Besuch bzw. Abschied von Freunden – mit qualvoller Regelmäßigkeit einstellen. 1875 erleidet Nietzsche in Basel erstmals einen förmlichen Zusammenbruch. Zahlreiche Versuche mit Kuren verschiedenster Art bringen wenig Linderung; vier Jahre später muß der gerade erst 35jährige seine Professur endgültig niederlegen. Krampferscheinungen, Lähmungsgefühle, Sprachstörungen bis hin zu zeitweiliger Bewußtlosigkeit markieren einen gesundheitlichen Tiefpunkt, von dem er sich erst zu Beginn der 80er Jahre langsam wieder erholt. Nietzsches Briefe bezeugen zudem seine extreme Sensibilität gegenüber Witterungseinflüssen: hohe Luftfeuchtigkeit, bedeckter Himmel, Gewitterlagen, Föhn und Schirokko bewirken eine rapide Verschlechterung seines Gesundheitszustandes. Am Ende dann, im Januar 1889, der geistige Zusammenbruch, der bis heute Anlaß zu vielfältigen Spekulationen gibt[1].

Nimmt man hinzu, daß – nachdem ihm kein Arzt zu helfen vermochte – auch Nietzsches Versuche, sein eigener Arzt zu sein, letztlich erfolglos blieben, so scheint die Skepsis, ob denn gerade von ihm Aufschluß über Wege zur Gesundheit zu erwarten sei, mindestens verständlich.

Und dennoch – es gibt gewichtige Gründe dafür, solcher Skepsis nicht vorschnell nachzugeben.

Zum einen wird die Antwort auf die Frage, ob Nietzsche sich im Umgang mit seinen Krankheiten hat helfen können, davon abhängen, welche Vorstellung von Gesundheit man zugrunde legt. Wer Gesundheit auf der Grundlage des Gegensatzes »gesund-krank« zu bestimmen gewohnt ist, wird sie vielleicht zunächst als »Abwesenheit von Schmerz und Krankheit« begreifen. Gerade Nietzsche aber wird nicht müde, den Begriff »Gesundheit« aus der Statik solcher Entgegensetzungen herauszulösen, deren reduktionistische Logik man sich in der Frage veranschaulichen mag: Genügt es denn, nicht tot zu sein, um sich schon lebendig zu fühlen? Im Abweisen solch planer Entgegensetzungen berührt sich Nietzsches Auffassung übrigens mit der gegenwärtigen WHO-Definition von Gesundheit, die sich gleichfalls nicht darin genügt, sie »nur durch die Abwesenheit von Krankheit oder Behinderung« gewährleistet zu sehen.

Was Gesundheit sein kann, hat Nietzsche auf emphatische Weise neu zu bestimmen versucht, und dies gleich in mehrfacher Hinsicht:

Gesundheit ist nicht als Zustand zu betrachten, der erreicht oder eben nicht erreicht wird, sondern als Weg, auf dem wir bestimmte Formen im Umgang mit uns selbst erproben, schrittweise Voraussetzungen, Bedürfnisse, Kräfte und Möglichkeiten unserer je eigenen Lebensordnung erkunden und diese Ordnung selbst dabei als wandlungsfähig begreifen lernen. »Wir sind Experimente: wollen wir es auch sein!« ruft Nietzsche dem »noch nicht-festgestellten Thier« Mensch zu.

Gesundheit in dieser Weise prozessual zu denken, sie als Suche nach immer neuen – und individuell verschiedenen – Möglichkeiten der Balance zu begreifen, entzieht sie den Ansprüchen einer nach rasch wirkender Arznei Ausschau haltenden Versorgungsmentalität. So wenig es für Nietzsche »eine Gesundheit an sich«, eine »Normal-Gesundheit« gibt, so wenig kommen die Einsichten seiner Gesundheitslehre dem Bedürfnis nach generalisierbaren Rezepturen entgegen, wie Gesundheit zu erhalten oder zurückzugewinnen sei.

Vielmehr fordert Nietzsche dazu auf, Gesundheit und Krankheit im Horizont der je eigenen Existenzbedingungen, Strebungen und Voraussetzungen als etwas zu begreifen, dem gegenüber der Einzelne eine aktive Verantwortung trägt. Jeder hat die Möglichkeit, seine Rhythmen, Bedürfnisse und Lebensgewohnheiten nicht nur immer wieder zu reflektieren, sondern sie auch zu beeinflussen und umzugestalten. Solche Verwandlungen erfordern Mut, der oft genug erst dem verzweifelt Kranken erwächst. Wer die Muße, zu der eine Krankheit ihn zwingt, für das Überdenken bisheriger Lebensmuster zu nutzen vermag und auf die Herausforderung des Leidens mit dem Willen der Um- und Neugestaltung des eigenen Lebens reagiert, der hat Nietzsche zufolge eine höhere Gesundheit erreicht: eine Gesundheit, die Krankheit nicht ausgrenzt, sondern sie für sich fruchtbar zu machen, sie »an den Pflug« zu spannen weiß.

»Die Krankheit ist ein mächtiges Stimulans. Nur muß man gesund genug für das Stimulans sein.« Dieser Gedanke überschreitet eine sich nur um wissenschaftliche Abgrenzung und Definitionen bemühende Perspektive. Mit der Einsicht, daß »Gesundheit« und »Krankheit« nicht unabhängig von dem Verhältnis sind, das wir zu ihnen einnehmen, beginnt die Arbeit des Philosophen. Der Reichtum an Perspektiven, die Intensität und Ausführlichkeit, mit der Nietzsche solche Verhaltensmöglichkeiten zu Krankheit und Gesundheit entworfen und durchdacht hat, suchen in der neuzeitlichen Philosophie ihresgleichen. Gerade für ihn, den ewig Kranken, stellte dieses Thema nicht nur eine geistige, sondern eine existentielle Herausforderung dar.

»Was wird aus dem Gedanken selbst werden, der unter den Druck der Krankheit gebracht wird?« Mit dieser Frage scheint sich sein Philosophieren geradezu als Selbstversuch begründen zu wollen. Aber man übersehe dabei nicht die Weite des Horizonts, innerhalb dessen dieser Selbstversuch vorgenommen wird. Der Altphilologe Nietzsche ist nicht nur mit der Gesundheitslehre der Antike bestens vertraut; aufmerksam verfolgt er, der nach seinem Philologiestudium ursprünglich ein naturwissenschaftliches Zweitstudium hatte absolvieren wollen, auch neueste Forschungen zur modernen Diätetik. Das Verzeichnis seiner Bibliothek führt zahlreiche Titel auf, die sich einer medizinisch-physiologischen Gesundheitslehre zuordnen lassen: so etwa

Werke, die dem Einfluß von Ort, Klima und Ernährung auf die Gesundheit nachgehen, andere, die das Verhältnis von Körper und Geist aus einer sinnesphysiologischen Perspektive neu zu begründen versuchen. So sehr sich Nietzsche für diese modernen Ansätze interessiert, so wenig ist er doch bereit, der positivistischen Verengung und den deterministischen Tendenzen beizustimmen, die diese Ansätze begleiten. Stets aufs neue geißelt er den Hang des 19. Jahrhunderts zur »fatalistischen Unterwerfung unter das Thatsächliche«, den kruden Naturalismus, die Selbstentmündigung des Menschen durch die Verabsolutierung von Milieu-Theorien. Nachdrücklich erinnert er immer wieder daran, daß der Mensch sich zu jedem Faktum, soweit es überhaupt für ihn Bedeutung erlangen soll, als ein wertendes Wesen verhält. Das ganze Leben ist eine Kette solcher Wert-Setzungen, die Nietzsche als Akte einer schöpferischen Aneignung von Welt begreift. Gegen den überschätzten Einfluß der äußeren Umstände macht er geltend, daß »das Wesentliche am Lebensprozeß (...) gerade die ungeheure gestaltende, von Innen her formschaffende Gewalt (sei), welche die ›äußeren Umstände‹ ausnützt, ausbeutet«. Der Nutzen, den die Umstände haben können, bestimmt sich jedoch erst im Kontext individueller Wertsetzungen; er ist den Fakten nicht schon eingeschrieben.

Die Art und Weise, wie Nietzsche die Erkenntnisse der modernen Naturwissenschaft, speziell die der Sinnesphysiologie, in sein Philosophieren aufnimmt, läßt eine doppelte Strategie erkennen. Einerseits setzt er diese Erkenntnisse strategisch ein, um eine philosophische Tradition anzugreifen, die noch ganz in der Metaphysik befangen ist. So stellt er die ketzerische Frage, inwieweit deren Einsichten sich möglicherweise der unbewußten Verkleidung physiologischer Bedürfnisse unter die »Mäntel des Objektiven, Ideellen, Rein-Geistigen« verdanken könnten. Derart verdächtigt, erschiene Philosophie dann plötzlich unter dem Primat der Leiblichkeit, ja geradezu als – sich selbst unbewußt gebliebene – Auslegung leiblicher Symptome. Ihre Ausprägungen würden lesbar als die verborgenen Gesundheits- bzw. Krankheitsbedingungen ihrer Urheber. Gesundheit und Krankheit wären nun nicht mehr nur Gegenstände der Philosophie, sondern diese selbst abhängig von Bedingungen der Leiblichkeit.

Wenn Nietzsche diese Perspektive zunächst forciert, so ist es gleichwohl nicht seine Absicht, die bisherige Einseitigkeit einer Orientierung am Rein-Geistigen durch die neue Einseitigkeit eines biophysischen Reduktionismus ersetzen zu wollen. Nichts liegt ihm ferner, als sich zu den Wertsetzungen neuzeitlicher Naturwissenschaft affirmativ zu verhalten. Leiblichkeit ist für ihn keine bloße Determinante, sie kann und soll ein Leitfaden sein. Voraussetzung dafür ist, sie nicht länger als einen abspaltbaren Aspekt der Existenz zu betrachten, sondern die Ansprüche, Abhängigkeiten und Bedürfnisse, die sich aus unserem Dasein als einem leibhaften ergeben, neu zu durchdenken. Erst auf der Basis eines ganzheitlichen, den Leib einbeziehenden Verständnisses seiner selbst erlernt der Mensch die Kunst praktischer Lebensführung, eröffnen sich ihm Wege zu seiner Gesundheit als einem Prozeß fortgesetzter Selbstgestaltung.

Der Versuch, Denken und Bewußtsein aus der Hybris der Leibvergessenheit und -mißachtung zu befreien, steht im Kontext einer umfassenden Moral- und Kulturkritik. Hier tritt Nietzsche gegen eine zweitausendjährige Tradition an, die es sich angelegen sein ließ, alles zu Verteufelnde mit dem Namen des »Leibhaftigen« zu bezeichnen.

Zur Rehabilitierung der Leiblichkeit bezieht er dabei nicht nur Erkenntnisse der modernen Sinnesphysiologie ein; der zweite Referenzpunkt, von dem aus seine Kulturkritik ihre Schärfe gewinnt, liegt in der Antike. Dort war »Diätetik« ursprünglich als umfassende Lebens- und Gesundheitslehre begründet worden, innerhalb derer die Sphären höchster Geistigkeit und Sinnlichkeit vereint erschienen. Nietzsche hat in seinem Werk mehrfach darauf hingewiesen, daß das Wort »sophos« (der Weise) etymologisch sich von sapiens herleite, was nicht nur den »Wissenden«, sondern zugleich den »Schmeckenden« bezeichnet. Weise ist demnach derjenige, der aus der Menge des Wiss- und Verfügbaren dasjenige auszuwählen, herauszuschmecken gelernt hat, was im Horizont der eigenen Bedingungen und Bedürfnisse wachsen, reifen und fruchtbringend weiterwirken kann. Zugleich muß er vieles beiseite lassen, abscheiden können, was langfristig gesehen nicht zu seinem Wohlbefinden beiträgt. Ein Urteilsvermögen, eine Geschmacksbildung dieser Art erwächst aus dem Zusammenspiel leiblicher, geistiger und seelischer Prozesse, nie aber aus bloßer Reflexion.

Wie sehr Nietzsche selbst daran gelegen ist, die Sphäre des Leiblich-Sinnlichen nicht nur *gegenüber* dem Denken, sondern vor allem auch *für* das Denken zu rehabilitieren, wird dort deutlich, wo er daran erinnert, daß der Mensch ein rhythmen- und formenbildendes Wesen ist. Was immer ihn erreicht, findet Eingang erst durch diese Formen und Rhythmen.

Dies gilt nicht zuletzt für das Lesen, auf das man sich vorbereiten, für das man Zeiten auswählen sollte, in denen man für die Lektüre aufnahmefähig ist. Auch hier ist es wichtig, die eigenen »guten Stunden und ihre fruchtbaren und kräftigen Momente« zu kennen und auszuwählen, das, was die Griechen »kairos«, die erfüllte, intensive Zeit nannten. Und so, wie das Denken »duften soll wie ein Kornfeld an Sommerabenden«, so soll auch ein Leser mit offenen Sinnen, »mit zarten Fingern und Augen«, mit einem Ohr für Rhythmus, Takt und Tempo, mit einem Gespür für den Atem und Schritt des Denkens lesen.

# 1.

# *»Wer will noch denken und forschen, um zu handeln?«* – Philosophie als Praxis

*Philosophie wie Nietzsche sie verstanden wissen will – als Praxis –, hat mit der Universitätsphilosophie wenig gemein. Dem professoralen Gelehrten, der sich einem lebensfernen Schwelgen in abstraktem Wissen hingibt, stellt er die Figur des Weisen gegenüber, wie sie ihm in der antiken Vorstellung vom »sophos« musterhaft vorgeprägt erscheint. Diesem ist Erkenntnis in erster Linie Mittel zum Handeln, Weg zum Leben. Die gelehrte »Stubenkultur« ist ihm fern, sein Bemühen um Einsicht beschränkt sich nicht aufs Bücherwälzen, er läßt sich von der Vielfalt scheinbar gleichwertiger Gedankensysteme nicht in die Irre führen. Er bildet sich durch Reisen, durch persönlichen Umgang mit Menschen, denen er offen und vorurteilsfrei gegnübertritt. Er gibt sich der Welt hin, nicht, um sich an sie zu verlieren, sondern um sich die Polyphonie ihrer Stimmen zu erschließen und in der Absicht, alles Erlebte für sich fruchtbar zu machen.*

*Die umfängliche Kenntnis von Menschen und Dingen, die er sich auf seiner Wanderschaft erwirbt, gerinnt ihm nicht zu einer Lehre, die mit erhobenem Zeigefinger weiterzugeben wäre. Er überzeugt durch die Demut des Beispiels, im exemplarischen Vorleben eines Weges, den jeder für sich selbst zu gehen hat und auf dem er seiner eigenen Voraussetzungen, Bedürfnisse und Qualitäten im Austausch mit der Welt inne werden kann.*

Etwas für Arbeitsame. – (…) Hat man schon die verschiedene Eintheilung des Tages, die Folgen einer regelmässigen Festsetzung von Arbeit, Fest und Ruhe zum Gegenstand der Forschung gemacht? Kennt man die moralischen Wirkungen der Nahrungsmittel? Giebt es eine Philosophie der Ernährung? (Der immer wieder losbrechende Lärm für und wider den Vegetarianismus beweist schon, dass es noch keine solche Philosophie giebt!) Sind die Erfahrungen über das Zusammenleben, zum Beispiel die Erfahrungen der Klöster, schon gesammelt? Ist die Dialektik der Ehe und Freundschaft schon dargestellt? Die Sitten der Gelehrten, der Kaufleute, Künstler, Handwerker, – haben sie schon ihre Denker gefunden? Es ist so viel daran zu denken! Alles, was bis jetzt die Menschen als ihre »Existenz-Bedingungen« betrachtet haben, und alle Vernunft, Leidenschaft und Aberglauben an dieser Betrachtung, – ist diess schon zu Ende erforscht?[2]

* * *

Erziehung des Philosophen.
Durch frühe Reisen gegen das Nationale abzustumpfen.
Die Menschen kennen, wenig lesen.
Keine Stubenkultur.
Den Staat und die Pflichten einfach zu nehmen. Oder auszuwandern.
Nicht gelehrtenhaft. Keine Universitäten.
Auch keine Geschichte der Philosophie; er soll für sich die Wahrheit suchen, nicht um Bücher zu schreiben.[3]

* * *

Namenlos oder leicht verspottet leben, zu niedrig, um Neid oder Feindschaft zu erwecken, mit einem Kopf ohne Fieber, einer Handvoll Wissen und einem Beutel voll Erfahrungen ausgerüstet, gleichsam ein Armenarzt des Geistes sein und Dem und Jenem, dessen Kopf durch Meinungen verstört ist, helfen, ohne dass er recht merkt, wer ihm geholfen hat! Nicht vor ihm Recht haben und einen Sieg feiern wollen, sondern so zu ihm sprechen, dass er das Rechte nach einem kleinen unvermerkten Fingerzeig oder Widerspruch sich selber sagt und stolz darüber fortgeht! Wie eine geringe Herberge sein, die Niemanden zurückstösst, der bedürftig ist, die aber hinterher vergessen oder verlacht wird! (…) Niedrig sein können, um Vielen zugänglich und für Niemanden demüthigend zu sein! Viel Unrecht auf sich liegen haben und durch die Wurmgänge aller Art Irrthümer gekrochen sein, um zu vielen verborgenen Seelen auf ihren geheimen Wegen gelangen zu können! (…) – Das wäre ein Leben! Das wäre ein Grund, lange zu leben![4]

* * *

Die einzige Kritik einer Philosophie, die möglich ist und die auch etwas beweist, nämlich zu versuchen, ob man nach ihr leben könne, ist nie auf Universitäten gelehrt worden: sondern immer die Kritik der Worte über Worte. Und nun denke man sich einen jugendlichen Kopf, ohne viel Erfahrung durch das Leben, in dem fünfzig Systeme als Worte und fünfzig Kritiken derselben neben und durch einander aufbewahrt werden – welche Wüstenei, welche Verwilderung, welcher Hohn auf eine Erziehung zur Philosophie! In der That wird auch zugeständlich gar nicht zu ihr erzogen, sondern zu einer philosophischen Prüfung: deren Erfolg bekanntlich und gewöhnlich ist, dass der Geprüfte, ach Allzu-Geprüfte! – sich mit einem Stossseufzer eingesteht: »Gott sei Dank, dass ich kein Philosoph bin, sondern Christ und Bürger meines Staates!«[5]

* * *

Wir sind ohne Bildung, noch mehr, wir sind zum Leben, zum richtigen und einfachen Sehen und Hören, zum glücklichen Ergreifen des Nächsten und Natürlichen verdorben und haben bis jetzt noch nicht einmal das Fundament einer Cultur, weil wir selbst davon nicht überzeugt sind, ein wahrhaftiges Leben in uns zu haben. Zerbröckelt und auseinandergefallen, im Ganzen in ein Inneres und ein Aeusseres halb mechanisch zerlegt, mit Begriffen wie mit Drachenzähnen übersäet, Begriffs-Drachen erzeugend, dazu an der Krankheit der Worte leidend und ohne Vertrauen zu jeder eignen Empfindung, die noch nicht mit Worten abgestempelt ist: als eine solche unlebendige und doch unheimlich regsame Begriffs- und Wort-Fabrik habe ich vielleicht noch das Recht von mir zu sagen cogito, ergo sum, nicht aber vivo, ergo cogito.[6]

Die Griechen als Entdecker und Reisende und Kolonisatoren. Sie verstehen zu lernen: ungeheure Aneignungskraft.

Unsre Zeit soll nicht glauben, in ihrem Wissenstrieb so viel höher zu stehen: nur wurde bei-den-Griechen alles Leben! Bei uns bleibt es Erkenntniß![7]

* * *

Die plötzliche Bereicherung eines Volkes birgt dieselben Gefahren wie die plötzliche Überfüllung mit wissenschaftlichen Erkenntnissen. Der Weg von der Einsicht zum Leben, vom Kennen zum Können, von der Kunde zur Kunst wird vergessen: ein luxuriöses Schwelgen im Wissen beginnt. Das ruhige Fortarbeiten derjenigen, welche die Kultur produziren, wird plötzlich durch die Erkenntnißstolzen überfluthet: niemand will die kleinen Wege mehr praktisch gehen, sondern beschränkt sich egoistisch ein Besserwissen zu haben.[8]

* * *

Wenn wir noch je eine Kultur erringen sollen, so sind unerhörte Kunstkräfte nöthig, um den unbeschränkten Erkenntnißtrieb zu brechen, um eine Einheit wieder zu erzeugen. Höchste Würde des Philosophen zeigt sich hier, wo er den unbeschränkten Erkenntnißtrieb concentrirt, zur Einheit bändigt.[9]

* * *

Verwunderung über Widerstand. – Weil Etwas für uns durchsichtig geworden ist, meinen wir, es könne uns nunmehr keinen Widerstand leisten – und sind dann erstaunt, dass wir hindurchsehen und doch nicht hindurch können! Es ist diess die selbe Thorheit und das selbe Erstaunen, in welches die Fliege vor jedem Glasfenster geräth.[10]

* * *

Das zuversichtlichste Wissen oder Glauben kann nicht die Kraft zur That, noch die Gewandtheit zur That geben, es kann nicht die Übung jenes feinen, vieltheiligen Mechanismus ersetzen, welche vorhergegangen sein muss, damit irgend Etwas aus einer Vorstellung sich in Action verwandeln könne. Vor Allem und zuerst die Werke! Das heisst Übung, Übung, Übung![11]

* * *

Aus der Praxis des Weisen. – Um weise zu werden, muss man gewisse Erlebnisse erleben wollen, also ihnen in den Rachen laufen. Sehr gefährlich ist diess freilich; mancher »Weise« wurde dabei aufgefressen.[12]

* * *

Nicht unzeitig sehen wollen. – So lange man Etwas erlebt, muss man dem Erlebniss sich hingeben und die Augen schliessen, also nicht darin schon den Beobachter machen. Das nämlich würde die gute Verdauung des Erlebnisses stören: anstatt einer Weisheit trüge man eine Indigestion davon.[13]

* * *

Liebe als Kunstgriff. – Wer etwas Neues wirklich kennen lernen will (sei es ein Mensch, ein Ereigniss, ein Buch), der thut gut, dieses Neue mit aller möglichen Liebe aufzunehmen, von Allem, was ihm daran feindlich, anstössig, falsch vorkommt, schnell das Auge abzuwenden, ja es zu vergessen: so dass man zum Beispiel dem Autor eines Buches den grössten Vorsprung giebt und geradezu, wie bei einem Wettrennen, mit klopfendem Herzen danach begehrt, dass er sein Ziel erreiche. Mit diesem Verfahren dringt man nähmlich der neuen Sache bis an ihr Herz, bis an ihren bewegenden Punct: und diess heisst eben sie kennen lernen. Ist man soweit, so macht der Verstand hinterdrein seine Restrictionen; jene Ueberschätzung, jenes zeitweilige Aushängen des kritischen Pendels war eben nur der Kunstgriff, die Seele einer Sache herauszulocken.[14]

»Wer will noch denken und forschen, um zu handeln?«

Der gute Acker. – Alles Abweisen und Negiren zeigt einen Mangel an Fruchtbarkeit an: im Grunde, wenn wir nur gutes Ackerland wären, dürften wir Nichts unbenützt umkommen lassen und in jedem Dinge, Ereignisse und Menschen willkommenen Dünger, Regen oder Sonnenschein sehen.[15]

# 2.

# *»Seine Krankheit an den Pflug spannen«* – Gesundheit und Krankheit

*Philosophie ist bei Nietzsche eng mit Anforderungen an eine persönliche Lebenspraxis verknüpft, einer Praxis zudem, die sich eine ganzheitliche Betrachtungsweise vom Menschen zu eigen macht, d. h. die Körper, Seele und Geist in Wechselwirkung zueinander begreift.*

*Krankheit und Gesundheit sind unter dieser Perspektive weder als streng zu definierende Zustände noch als Gegensätze aufzufassen, die eindeutig positiv oder negativ besetzt wären.*

*Aus eigener Erfahrung weiß der Philosoph um die Chancen, die Krankheit und Schmerz bieten: Sie können wertvolle Indikatoren seelischer Bedürfnisse und Notstände sein, die ihrerseits oft aus einer uns nicht entsprechenden Lebensweise resultieren. Wenn der Einzelne zu lange »selbstlos« lebt, d. h. sich unreflektiert der Vielzahl von Anforderungen, die von außen an ihn gestellt werden, unterwirft, dann kommt ihm manchmal die Natur zu Hilfe – mit einer Krankheit. Sie wirft den Menschen aus dem Gleis seiner Alltagsvollzüge, zwingt ihn zur Muße, schafft ihm so den Raum und die Bedingungen zur Selbstbesinnung. Plötzlich hat er Gelegenheit, seine Existenz aus der Distanz, gleichsam von außen zu betrachten, vielleicht mit dem geschärften Blick, der die Folge des Schmerzes sein kann und der einem langsam die Augen dafür öffnet, wie vieles man allzulange schon ertragen hat, ohne es je für sich gewählt zu haben.*

*Dergestalt kann Krankheit der erste Schritt zu einer »höheren Gesundheit« sein, die uns Nietzsche nicht als definitives Ziel, sondern als individuelles Lebensprojekt vorstellt. Jeder ist aufgefordert, mit Entschiedenheit nach dem zu suchen, was für seinen Körper, seinen Geist, seine Seele fruchtbar ist, was er sich aneignen, in Kraft und Leben verwandeln kann. Schmerz und Krankheit haben in dieser Hinsicht Signalcharakter. Nietzsche begreift sie als Versuche der Natur, zur Gesundheit zu kommen. Es sind Stimulanzien, starke Reize, die verborgene Ressourcen mobilisieren oder aber lehren, mit seinen*

*Kräften besser hauszuhalten. Schmerz geht allem Wandel und Wachstum voraus, ist der Begleiter jeder neuen Schöpfung.*

*Gemäß dem von Pindar entlehnten Aufruf »werde, der du bist«, den Nietzsche sich zu einer Art Lebensmotto erkor, verzichtet er darauf, seinen Lesern für diesen Weg zu sich selbst irgendwelche Vorgaben inhaltlicher Art zu machen. Wer seine Werke als schnelle Lebenshilfe gebrauchen möchte, wird enttäuscht. Auch für die methodischen Fingerzeige, wie man auf diesen Weg zu sich gelangen könne, hält Nietzsche nur die wenigen für aufnahmebereit, die den Mut und die Kraft zu genauer, ehrlicher Selbstbeobachtung aufbringen und die Bedingungen und Abhängigkeiten, in denen sie erzogen wurden und leben, genau studieren. Nicht eine noch zu findende Wahrheit, sondern Wahrhaftigkeit gegenüber sich selbst führt den Menschen auf seinen Weg – einen Weg, der ihm ein lebenslanges, mutiges Experimentieren mit sich, den eigenen Bedürfnissen, Trieben, Leidenschaften und Idealen abverlangt, sollen auf ihm die individuellen Bedingungen für ein gesundes Leben gefunden werden.*

Ein Psychologe kennt wenig so anziehende Fragen, wie die nach dem Verhältniss von Gesundheit und Philosophie, und für den Fall, dass er selber krank wird, bringt er seine ganze wissenschaftliche Neugierde mit in seine Krankheit (…)

Was wird aus dem Gedanken selbst werden, der unter den Druck der Krankheit gebracht wird? Dies ist die Frage, die den Psychologen angeht: und hier ist das Experiment möglich.[16]

Wider den Strich. – Ein Denker kann sich Jahre lang zwingen, wider den Strich zu denken: ich meine, nicht den Gedanken zu folgen, die sich ihm von Innen her anbieten, sondern denen, zu welchen ein Amt, eine vorgeschriebene Zeiteintheilung, eine willkürliche Art von Fleiss ihn zu verpflichten scheinen. Endlich aber wird er krank: denn diese anscheinend moralische Überwindung verdirbt seine Nervenkraft ebenso gründlich, wie es nur eine zur Regel gemachte Ausschweifung thun konnte.[17]

Die Krankheit ist ein plumper Versuch, zur Gesundheit zu kommen: wir müssen mit dem Geiste der Natur zu Hülfe kommen.[18]

* * *

Der Mensch weicht nach Kräften dem Leiden aus, aber noch mehr dem Sinne des erlittenen Leidens, in immer neuen Zielen sucht er das dahinten-Liegende zu vergessen. Wenn der Arme und Geplagte sich gegen das Schicksal aufbäumt, welches ihn gerade an diese rauheste Küste des Daseins warf, so weicht er dem tiefen Auge aus, das ihn aus der Mitte seines Leides fragend ansieht: als ob es sagen wollte: ist es dir nicht leichter gemacht, das Dasein zu begreifen?[19]

Damals entschied sich mein Instinkt unerbittlich gegen ein noch längeres Nachgeben, Mitgehn, Mich-selbst-verwechseln. Jede Art Leben, die ungünstigsten Bedingungen, Krankheit, Armut – Alles schien mir jener unwürdigen »Selbstlosigkeit« vorziehenswerth, in die ich zuerst aus Unwissenheit, aus Jugend gerathen war, in der ich später aus Trägheit, aus sogenanntem »Pflichtgefühl« hängen geblieben war. – Hier kam mir, auf eine Weise, die ich nicht genug bewundern kann, und gerade zur rechten Zeit jene schlimme Erbschaft von Seiten meines Vaters her zu Hülfe, – im Grunde eine Vorbestimmung zu einem frühen Tode. Die Krankheit löste mich langsam heraus: sie ersparte mir jeden Bruch, jeden gewaltthätigen und anstössigen Schritt. Ich habe kein Wohlwollen damals eingebüsst und viel noch hinzugewonnen. Die Krankheit gab mir insgleichen ein Recht zu einer vollkommnen Umkehr aller meiner Gewohnheiten; sie erlaubte, sie gebot mir Vergessen; sie beschenkte mich mit der Nöthigung zum Stillliegen, zum Müssiggang, zum Warten und Geduldigsein … Aber das heisst ja denken![20]

* * *

Werth der Krankheit. – Der Mensch, der krank zu Bette liegt, kommt mitunter dahinter, dass er für gewöhnlich an seinem Amte, Geschäfte oder an seiner Gesellschaft krank ist und durch sie jede Besonnenheit über sich verloren hat: er gewinnt diese Weisheit aus der Musse, zu welcher ihn seine Krankheit zwingt.[21]

* * *

Von der Erkenntniss des Leidenden. – Der Zustand kranker Menschen, die lange und furchtbar von ihren Leiden gemartert werden und deren Verstand trotzdem dabei sich nicht trübt, ist nicht ohne Werth für die Erkenntniss, – noch ganz abgesehen von den intellectuellen Wohlthaten, welche jede tiefe Einsamkeit, jede plötzliche und erlaubte Freiheit von allen Pflichten und Gewohnheiten mit sich bringen. Der Schwerleidende sieht aus seinem Zustande mit einer entsetzlichen Kälte hinaus auf die Dinge: alle jene kleinen lügnerischen Zaubereien, in denen für gewöhnlich die Dinge schwimmen, wenn das Auge des Gesunden auf sie blickt, sind ihm verschwunden: ja, er selber liegt vor sich da ohne Flaum und Farbe. Gesetzt, dass er bisher in irgend einer gefährlichen Phantasterei lebte: diese höchste Ernüchterung durch Schmerzen ist das Mittel, ihn herauszureissen: und vielleicht das einzige Mittel. (…) Die ungeheure Spannung des Intellectes, welcher dem Schmerz Widerpart halten will, macht, dass Alles, worauf er nun blickt, in einem neuen Lichte leuchtet: und der unsägliche Reiz, den alle neuen Beleuchtungen geben, ist oft mächtig genug, um allen Anlockungen zum Selbstmorde Trotz zu bieten und das Fortleben dem Leidenden als höchst begehrenswerth erscheinen zu lassen. Mit Verachtung gedenkt er der gemüthlichen warmen Nebelwelt, in der der Gesunde ohne Bedenken wandelt; mit Verachtung gedenkt er der edelsten und geliebtesten Illusionen, in denen er früher mit sich selber spielte (...) Unser Stolz bäumt sich auf, wie noch nie: es hat für ihn einen Reiz ohne Gleichen, gegen einen solchen Tyrannen wie der Schmerz ist, und gegen alle die Einflüsterungen, die er uns macht, damit wir gegen das Leben Zeugniss ablegen, – gerade das Leben gegen den Tyrannen zu vertreten. (...) Und nun kommt der erste Dämmerschein der Milderung, der Genesung – und fast die erste Wirkung ist, dass wir uns gegen die Übermacht unseres Hochmuthes wehren. (...) Wir sehen wieder hin auf Menschen und Natur – mit einem verlangenderen Auge: wir erinnern uns wehmüthig lächelnd, dass wir Einiges in Bezug auf sie jetzt neu und anders wissen, als vorher, dass ein Schleier gefallen ist, – aber es erquickt uns so, wieder die gedämpften Lichter des Lebens zu sehen und aus der furchtbaren nüchternen Helle herauszutreten, in welcher wir als Leidende die Dinge und durch die Dinge hindurch sahen. Wir zürnen nicht, wenn die Zaubereien der Gesundheit wieder zu spielen beginnen, – wir sehen wie umgewandelt zu, milde und immer noch müde. In diesem Zustande kann man nicht Musik hören, ohne zu weinen.[22]

Der Weg [ist] noch weit bis zu jener ungeheuren überströmenden Sicherheit und Gesundheit, welche der Krankheit selbst nicht entrathen mag, als eines Mittels und Angelhakens der Erkenntniss, bis zu jener reifen Freiheit des Geistes, welche ebensosehr Selbstbeherrschung und Zucht des Herzens ist und die Wege zu vielen und entgegengesetzten Denkweisen erlaubt –, bis zu jener inneren Umfänglichkeit und Verwöhnung des Ueberreichthums, welche die Gefahr ausschliesst, dass der Geist sich etwa selbst in die eignen Wege verlöre und verliebte und in irgend einem Winkel berauscht sitzen bliebe, bis zu jenem Ueberschuss an plastischen, ausheilenden, nachbildenden und wiederherstellenden Kräften, welcher eben das Zeichen der grossen Gesundheit ist. (…) Dazwischen mögen lange Jahre der Genesung liegen, Jahre voll vielfarbiger schmerzlich-zauberhafter Wandlungen, beherrscht und am Zügel geführt durch einen zähen Willen zur Gesundheit, der sich oft schon als Gesundheit zu kleiden und zu verkleiden wagt. Es giebt einen mittleren Zustand darin, dessen ein Mensch solchen Schicksals später nicht ohne Rührung eingedenk ist: ein blasses feines Licht und Sonnenglück ist ihm zu eigen, ein Gefühl von Vogel-Freiheit, Vogel-Umblick, Vogel-Uebermuth, etwas Drittes, in dem sich Neugierde und zarte Verachtung gebunden haben.[23]

* * *

So in der That erscheint mir jetzt jene lange Krankheits-Zeit: ich entdeckte das Leben gleichsam neu, mich selber eingerechnet, ich schmeckte alle guten und selbst kleinen Dinge, wie sie Andre nicht leicht schmecken könnten, – ich machte aus meinem Willen zur Gesundheit, zum Leben, meine Philosophie.[24]

* * *

Im Gefrierpunct des Willens. – »Endlich einmal kommt sie doch, die Stunde, die dich in die goldene Wolke der Schmerzlosigkeit einhüllen wird: wo die Seele ihre eigene Müdigkeit geniesst und glücklich im geduldigen Spiele mit ihrer Geduld den Wellen eines See's gleicht, die an einem ruhigen Sommertage, im Widerglanze eines buntgefärbten Abendhimmels, am Ufer schlürfen, schlürfen und wieder stille sind – ohne Ende, ohne Zweck, ohne Sättigung, ohne Bedürfniss, – ganz Ruhe, die sich am Wechsel freut, ganz Zurückebben und Einfluthen in den Pulsschlag der Natur.« Diess ist Empfindung und Rede aller Kranken: erreichen sie aber jene Stunden, so kommt, nach kurzem Genusse, die Langeweile. Diese aber ist der Thauwind für den eingefrorenen Willen: er erwacht, bewegt sich und zeugt wieder Wunsch auf Wunsch. – Wünschen ist ein Anzeichen von Genesung oder Besserung.[25]

Die Langeweile gehört, wie mir scheint, nicht gerade zu den Leiden der Leidenden; wenigstens fehlt mir alle Erinnerung dafür. Umgekehrt war die böse Zeit meines Lebens reich für mich durch eine gewisse neue Erfindsamkeit – die Kunst der nuances, die feine Fingerfertigkeit in der Handhabe von nuances. Ich würde das raffinement überhaupt verstehn als eine Verzärtelung des Getasts bis in's Geistigste hinauf; auch noch jene Art liebevoller Rücksicht und Vorsicht im Verstehn, die Kranken eignet, gehört dahin, – sie scheuen die allzu nahe Berührung … Man hört in diesen Zuständen selbst gemeine Sachen ungemein, man transponirt sie gleichsam: der Alltags-Zufall wird durch ein sublimes Sieb gesiebt und sieht sich selber nicht mehr gleich.[26]

* * *

Nutzen der Kränklichkeit. – Wer oft krank ist, hat nicht nur einen viel grösseren Genuss am Gesundsein, wegen seines häufigen Gesundwerdens: sondern auch einen höchst geschärften Sinn für Gesundes und Krankhaftes in Werken und Handlungen, eigenen und fremden: so dass zum Beispiel gerade die kränklichen Schriftsteller – und darunter sind leider fast alle grossen – in ihren Schriften einen viel sicherern und gleichmässigeren Ton der Gesundheit zu haben flegen, weil sie besser als die körperlich Robusten, sich auf die Philosophie der seelischen Gesundheit und Genesung und ihre Lehrmeister: Vormittag, Sonnenschein, Wald und Wasserquelle verstehen.[27]

* * *

Gesundheit und Krankheit sind nichts wesentlich Verschiedenes, wie es die alten Mediziner und heute noch einige Praktiker glauben. Man muß nicht distinkte Principien, oder Entitäten daraus machen, die sich um den lebenden Organismus streiten und aus ihm ihren Kampfplatz machen. Das ist altes Zeug und Geschwätz, das zu nichts mehr taugt. Thatsächlich giebt es zwischen diesen beiden Arten des Daseins nur Gradunterschiede: die Übertreibung, die Disproportion, die Nicht-Harmonie der normalen Phänomene constituiren den krankhaften Zustand.[28]

Gesundheit und Krankhaftigkeit: man sei vorsichtig! Der Maaßstab bleibt die Efflorescenz des Leibes, die Sprungkraft, Muth und Lustigkeit des Geistes – aber, natürlich auch, wie viel von Krankhaftem er auf sich nehmen und überwinden kann – gesund machen kann. Das, woran die zarteren Menschen zu Grunde gehen würden, gehört zu den Stimulanz-Mitteln der großen Gesundheit.[29]

* * *

Die Krankheit selbst kann ein Stimulans des Lebens sein: nur muss man gesund genug für dies Stimulans sein![30]

* * *

Das beste Heilmittel. – Etwas Gesundheit ab und zu ist das beste Heilmittel des Kranken.[31]

* * *

Gesundheit meldet sich an 1) durch einen Gedanken mit weitem Horizont 2) durch versöhnliche tröstliche vergebende Empfindungen 3) durch ein schwermüthiges Lachen über den Alp, mit dem wir gerungen.[32]

* * *

Ich habe mich oft gefragt, ob ich den schwersten Jahren meines Lebens nicht tiefer verpflichtet bin als irgend welchen anderen. So wie meine innerste Natur es mich lehrt, ist alles Nothwendige, aus der Höhe gesehn und im Sinne einer grossen Ökonomie, auch das Nützliche an sich, – man soll es nicht nur tragen, man soll es lieben … Amor fati: das ist meine innerste Natur. – und was mein langes Siechthum angeht, verdanke ich ihm nicht unsäglich viel mehr als meiner Gesundheit? (…) Erst der grosse Schmerz, jener lange langsame Schmerz, in dem wir gleichsam wie mit grünem Holze verbrannt werden, der sich Zeit nimmt –, zwingt uns Philosophen in unsre letzte Tiefe zu steigen und alles Vertrauen, alles Gutmüthige, Verschleiernde, Milde, Mittlere, wohin wir vielleicht vordem unsre Menschlichkeit gesetzt haben, von uns zu thun. Ich zweifle, ob ein solcher Schmerz »verbessert«: aber ich weiss, dass er uns vertieft.[33]

* * *

Freiwillig abseits, gelassen, gegen Ding und Zufall leutselig, den kleinsten Sonnenblicken der Gesundheit dankbar, den Schmerz wie eine Regel, wie eine Bedingung, wie etwas Selbstgewolltes annehmend, und mit listigem Zwang zu unseren Zwecken ausnutzend, ausfragend.[34]

* * *

Eine Gesundheit voll unbegreiflicher plötzlicher Umdrehungen und Fallthüren – ein tiefes Mißtrauen unterhaltend, und jede glückliche Stunde mit einem absichtlichen Leichtsinn und Augenverschließen vor der Zukunft – sonst ist Glück nicht möglich.[35]

* * *

Weisheit im Schmerz. – Im Schmerz ist soviel Weisheit wie in der Lust: er gehört gleich dieser zu den arterhaltenden Kräften ersten Ranges. Wäre er diess nicht, so würde er längst zu Grunde gegangen sein; dass er weh thut, ist kein Argument gegen ihn, es ist sein Wesen. Ich höre im Schmerze den Commandoruf des Schiffscapitains: »zieht die Segel ein!« Auf tausend Arten die Segel zu stellen, muss der kühne Schifffahrer »Mensch« sich eingeübt haben, sonst wäre es gar zu schnell mit ihm vorbei, und der Ozean schlürfte ihn zu bald hinunter. Wir müssen auch mit verminderter Energie zu leben wissen: sobald der Schmerz sein Sicherheitssignal giebt, ist es an der Zeit, sie zu vermindern, – irgend eine grosse Gefahr, ein Sturm ist im Anzuge, und wir thun gut, uns so wenig als möglich »aufzubauschen«. – Es ist wahr, dass es Menschen giebt, welche beim Herannahen des grossen Schmerzes gerade den entgegengesetzten Commandoruf hören, und welche nie stolzer, kriegerischer und glücklicher dreinschauen, als wenn der Sturm heraufzieht; ja, der Schmerz selber giebt ihnen ihre grössten Augenblicke![36]

Die »Wehen der Gebärerin« heiligen den Schmerz überhaupt, alles Werden, Wachsen, alles Zukunfts-Verbürgende bedingt den Schmerz; damit es die ewige Lust des Schaffens giebt, muß es ewig die Qual der Gebärerin geben … Ich kenne keine höhere Symbolik. – Erst das Christenthum hat aus der Geschlechtlichkeit eine Schmutzerei gemacht: der Begriff von immaculata conceptio war die höchste seelische Niedertracht, die bisher auf Erden erreicht wurde z. B. – sie warf den Schmutz in den Ursprung des Lebens …[37]

* * *

Das Gewissen, insofern es wesentlich unlustvolle Empfindungen erzeugt hat, gehört unter die Krankheiten der Menschheit.[38]

* * *

Das Christenthum in Sonderheit dürfte man eine grosse Schatzkammer geistreichster Trostmittel nennen, so viel Erquickliches, Milderndes, Narkotisirendes ist in ihm gehäuft, so viel Gefährlichstes und Verwegenstes zu diesem Zweck gewagt, so fein, so raffinirt, so südländisch-raffinirt ist von ihm insbesondere errathen worden, mit was für Stimulanz-Affekten die tiefe Depression, die bleierne Ermüdung, die schwarze Traurigkeit der Physiologisch-Gehemmten wenigstens für Zeiten besiegt werden kann. (…)

Man bekämpft (…) jene dominirende Unlust durch Mittel, welche das Lebensgefühl überhaupt auf den niedrigsten Punkt herabsetzen. Womöglich überhaupt kein Wollen, kein Wunsch mehr; Allem, was Affekt macht, was »Blut« macht, ausweichen (kein Salz essen: Hygiene des Fakirs); nicht lieben; nicht hassen; Gleichmuth; nicht sich rächen; nicht sich bereichern; nicht arbeiten; betteln; womöglich kein Weib, oder so wenig Weib als möglich. Resultat, psychologisch-moralisch ausgedrückt: »Entselbstung«, »Heiligung«; physiologisch ausgedrückt: Hypnotisirung, – der Versuch Etwas für den Menschen annähernd zu erreichen, was der Winterschlaf für einige Thierarten, der Sommerschlaf für viele Pflanzen der heissen Klimaten ist, ein Minimum von Stoffverbrauch und Stoffwechsel, bei dem das Leben gerade noch besteht, ohne eigentlich noch in's Bewusstsein zu treten. Auf dieses Ziel ist eine erstaunliche Menge menschlicher Energie verwandt worden – umsonst etwa? … Dass solche sportsmen der »Heiligkeit«, an denen alle Zeiten, fast alle Völker reich sind, in der That eine wirkliche Erlösung von dem gefunden haben, was sie mit einem so rigorösen training bekämpften, daran darf man durchaus nicht zweifeln, – sie kamen von jener tiefen physiologischen Depression mit Hülfe ihres Systems von Hypnotisirungs-Mitteln in unzähligen Fällen wirklich los: weshalb ihre Methodik zu den allgemeinsten ethnologischen Thatsachen zählt.[39]

Erprobter Rath. – Von allen Trostmitteln thut Trostbedürftigen Nichts so wohl, als die Behauptung, für ihren Fall gebe es keinen Trost. Darin liegt eine solche Auszeichnung, dass sie wieder den Kopf erheben.[40]

Wo sind die neuen Ärzte der Seele? – Die Mittel des Trostes sind es gewesen, durch welche das Leben erst jenen leidvollen Grundcharakter, an den man jetzt glaubt, bekommen hat; die grösste Krankheit der Menschen ist aus der Bekämpfung ihrer Krankheiten entstanden, und die anscheinenden Heilmittel haben auf die Dauer Schlimmeres erzeugt, als Das war, was mit ihnen beseitigt werden sollte. Aus Unkenntniss hielt man die augenblicklich wirkenden, betäubenden und berauschenden Mittel, die sogenannten Tröstungen, für die eigentlichen Heilkräfte, ja, man merkte es nicht einmal, dass man diese sofortigen Erleichterungen oft mit der allgemeinen und tiefen Verschlechterung des Leidens bezahlte, dass die Kranken an der Nachwirkung des Rausches, später an der Entbehrung des Rausches und noch später an einem drückenden Gesammtgefühl von Unruhe, Nervenzittern und Ungesundheit zu leiden hatten.[41]

Womöglich ohne Arzt leben. – Es will mir scheinen, als ob ein Kranker leichtsinniger sei, wenn er einen Arzt hat, als wenn er selber seine Gesundheit besorgt. Im ersten Falle genügt es ihm, streng in Bezug auf alles Vorgeschriebene zu sein; im andern Falle fassen wir Das, worauf jene Vorschriften abzielen, unsere Gesundheit, mit mehr

Gewissen in's Auge und bemerken viel mehr, gebieten und verbieten uns viel mehr, als auf Veranlassung des Arztes geschehen würde. – Alle Regeln haben diese Wirkung: vom Zwecke hinter der Regel abzuziehen und leichtsinniger zu machen. – Und wie würde der Leichtsinn der Menschheit in's Unbändige und Zerstörerische gestiegen sein, wenn sie jemals vollkommen ehrlich der Gottheit als ihrem Arzte Alles überlassen hätte, nach dem Worte »wie Gott will«![42]

* * *

WIR GEHEN leichter an unsern Stärken, als an unsern Schwächen zu Grunde; denn in Bezug auf diese leben wir vernünftig, nicht aber in Bezug auf unsere Stärken.[43]

* * *

VIEL SCHLAFEN. – Was thun, um sich anzuregen, wenn man müde und seiner selbst satt ist? Der Eine empfiehlt die Spielbank, der Andere das Christenthum, der Dritte die Electricität. Das Beste aber, mein lieber Melancholiker, ist und bleibt: viel schlafen, eigentlich und uneigentlich! So wird man auch seinen Morgen wieder haben! Das Kunststück der Lebensweisheit ist, den Schlaf jeder Art zur rechten Zeit einzuschieben wissen.[44]

* * *

ARZNEI der Seele. – Still-liegen und Wenig-denken ist das wohlfeilste Arzneimittel für alle Krankheiten der Seele und wird, bei gutem Willen, von Stunde zu Stunde seines Gebrauchs angenehmer.[45]

* * *

DIE KRANKEN und die Kunst. – Gegen jede Art von Trübsal und Seelen-Elend soll man zunächst versuchen: Veränderung der Diät und körperliche derbe Arbeit. Aber die Menschen sind gewohnt, in diesem Falle nach Mitteln der Berauschung zu greifen: zum Beispiel nach der Kunst, – zu ihrem und der Kunst Unheil! Merkt ihr nicht, dass, wenn ihr als Kranke nach der Kunst verlangt, ihr die Künstler krank macht?[46]

Es ist kein Zweifel, dass die einstmaligen Erzieher den Menschen auch wieder eine strengere Diät vorschreiben werden. Man glaubt durch Luft Sonne Wohnung Reisen usw. die modernen Menschen gesund zu machen, eingeschlossen die medicinischen Reize und Gifte. Aber alles, was dem Menschen schwer wird, scheint nicht mehr angeordnet zu werden: auf angenehme und bequeme Art gesund und krank zu sein scheint die Maxime. Doch ist es gerade die fortgesetzte kleine Masslosigkeit, d.h. der Mangel an Selbstzucht, der zuletzt als allgemeine Hast und impotentia sich zeigt.[47]

* * *

Nöthigste Gymnastik. – Durch den Mangel an kleiner Selbstbeherrschung bröckelt die Fähigkeit zur grossen an. Jeder Tag ist schlecht benutzt und eine Gefahr für den nächsten, an dem man nicht wenigstens einmal sich Etwas im Kleinen versagt hat: diese Gymnastik ist unentbehrlich, wenn man sich die Freude, sein eigener Herr zu sein, erhalten will.[48]

* * *

Die kleinen Dosen. – Soll eine Veränderung möglichst in die Tiefe gehen, so gebe man das Mittel in den kleinsten Dosen, aber unablässig auf weite Zeitstrecken hin! Was ist Grosses auf Einmal zu schaffen![49]

* * *

Die Unglücklichen die mit Einem Male die Tugend, durch eine Umwandlung erreichen wollen! Und verzweifeln, bei einem Rückfall! Während Übung den Meister macht.[50]

* * *

Langsame Curen. – Die chronischen Krankheiten der Seele entstehen wie die des Leibes, sehr selten nur durch einmalige grobe Vergehungen gegen die Vernunft von Leib und Seele, sondern gewöhnlich durch zahllose unbemerkte kleine Nachlässigkeiten. – Wer zum Beispiel Tag für Tag um einen noch so unbedeutenden Grad zu schwach athmet und zu wenig Luft in die Lunge nimmt, sodass sie als Ganzes nicht hinreichend angestrengt und geübt wird, trägt endlich ein chronisches Lungenleiden davon: in einem solchen Falle kann die Heilung auf keinem anderen Wege erfolgen, als dass wiederum zahllose kleine Übungen des Gegentheils vorgenommen und unvermerkt andere Gewohnheiten gepflegt werden, zum Beispiel, wenn man sich zur Regel macht, alle Viertelstunden des Tages Einmal stark und tief aufzuathmen (womöglich platt am Boden liegend; eine Uhr, welche die Viertelstunden schlägt, muss dabei zur Lebensgefährtin gewählt werden). L a n g s a m und kleinlich sind alle diese Curen; auch wer seine Seele heilen will, soll über die Veränderung der kleinsten Gewohnheiten nachdenken. Mancher sagt zehnmal des Tages ein böses kaltes Wort an seine Umgebung und denkt sich Wenig dabei, namentlich nicht, dass nach einigen Jahren er ein G e s e t z der Gewohnheit über sich geschaffen hat, welches ihn nunmehr n ö t h i g t, zehnmal jedes Tages seine Umgebung zu verstimmen. Aber er kann sich auch daran gewöhnen, ihr zehnmal wohlzuthun![51]

* * *

Mit der Freiheit der Meinungen steht es wie mit der Gesundheit: beide sind individuell, von beiden kann kein allgemein gültiger Begriff aufgestellt werden. Das, was das eine Individuum zu seiner Gesundheit nöthig hat, ist für ein anderes schon Grund zur Erkrankung, und manche Mittel und Wege zur Freiheit des Geistes dürfen höher entwikkelten Naturen als Wege und Mittel zur Unfreiheit gelten.[52]

* * *

Was wir erwarten, das nennen wir recht und billig; was uns verwundert, was uns wunderbar vorkommt, das loben oder tadeln wir. Die erste Empfindung der Verwunderung ist die Furcht: Lob und Tadel ist ein Produkt der Furcht. Dagegen läßt das Rechte und Billige uns zufrieden, ist für die Empfindung neutral und entspricht der Gesundheit. – Das, was jeder von sich und Anderen erwartet in jeder Lage, also das Gewöhnliche einer ganzen Cultur, ist aber für eine andere Cultur nicht das Gewöhnliche und erregt deren Verwunderung, erweckt Lob und Tadel, und wird also jedenfalls zu stark empfunden. Die Culturen verstehen das, was zur Gesundheit der anderen gehört, nicht. Das Erwartete, das Gewöhnliche, das Gesunde, das für die Empfindung Neutrale macht den größten Theil dessen aus, was eine Cultur ihre Sittlichkeit nennt.[53]

Gesundheit der Seele. (...) Eine Gesundheit an sich giebt es nicht, und alle Versuche, ein Ding derart zu definiren, sind kläglich missrathen. Es kommt auf dein Ziel, deinen Horizont, deine Kräfte, deine Antriebe, deine Irrthümer und namentlich auf die Ideale und Phantasmen deiner Seele an, um zu bestimmen, was selbst für deinen Leib Gesundheit zu bedeuten habe. Somit giebt es unzählige Gesundheiten des Leibes; und je mehr man dem Einzelnen und Unvergleichlichen wieder erlaubt, sein Haupt zu erheben, je mehr man das Dogma von der »Gleichheit der Menschen« verlernt, um so mehr muss auch der Begriff einer Normal-Gesundheit, nebst Normal-Diät, Normal-Verlauf der Erkrankung unsern Medicinern abhanden kommen. Und dann erst dürfte es an der Zeit sein, über Gesundheit und Krankheit der Seele nachzudenken und die eigenthümliche Tugend eines Jeden in deren Gesundheit zu setzen: welche freilich bei dem Einen so aussehen könnte wie der Gegensatz der Gesundheit bei einem Anderen. Zuletzt bliebe noch die grosse Frage offen, ob wir der Erkrankung entbehren könnten, selbst zur Entwickelung unserer Tugend, und ob nicht namentlich unser Durst nach Erkenntniss und Selbsterkenntniss der kranken Seele so gut bedürfe als der gesunden: kurz, ob nicht der alleinige Wille zur Gesundheit ein Vorurtheil, eine Feigheit und vielleicht ein Stück feinster Barbarei und Rückständigkeit sei.[54]

Zur »Kur des Einzelnen.«

1) er soll vom Nächsten und Kleinsten ausgehen und die ganze Abhängigkeit sich feststellen, in die hinein er geboren und erzogen ist
2) ebenso soll er den gewohnten Rhythmus seines Denkens und Fühlens, seine intellektuellen Bedürfnisse der Ernährung begreifen
3) Dann soll er Veränderung aller Art versuchen, zunächst um die Gewohnheiten zu brechen (vielen Diätwechsel, mit feinster Beobachtung).

4) er soll sich geistig an seine Widersacher einmal anlehnen, er soll ihre Nahrung zu essen versuchen. Er soll reisen, in jedem Sinne. In dieser Zeit wird er »unstät und flüchtig« sein.
Von Zeit zu Zeit soll er über seinen Erlebnissen ruhen – und verdauen.
5) Dann kommt das Höhere: der Versuch, ein Ideal zu dichten. Dies geht dem noch Höheren voraus – eben dies Ideal zu leben.
6) Er muß durch eine Reihe von Idealen hindurch.[55]

# 3.

## »Vorwärts, Wanderer! Es sind noch viele Meere und Länder für dich übrig« – Chancen des Unterwegsseins

*Zur »Kur des Einzelnen« gehört das Experimentieren mit Orten und Klimata, auf der Suche nach den geographischen, aber auch historisch-kulturellen Bedingungen, unter denen jeder Einzelne am besten leben und sich entfalten kann. Erst die während der Basler Zeit ausbrechende Krankheit bringt Nietzsche zu Bewußtsein, wie »selbstlos« er bisher in bezug auf diese äußeren – und doch nicht äußerlichen – Faktoren gehandelt hat. Sie veranlaßt ihn nicht nur, genauer über den Einfluß nachzudenken, den Umgebung und Klima auf die eigene Physis und Psyche ausüben; sie nötigt ihn auch zum fortgesetzten Experiment mit verschiedenen Umgebungen und Lebensumfeldern.*

*Die dabei gemachten Erfahrungen bestätigen seinen Ansatz zu einer Diätetik als individueller Wissenschaft: Nietzsche hält hierzu fest, daß einerseits die Reaktionen auf dieselben geographischen und klimatischen Verhältnisse individuell variieren, daß also jeder für sich »seine« Orte ausfindig machen muß. Andererseits spielt aber auch der Zeitfaktor eine wichtige Rolle: Die Wirkung einer bestimmten Umgebung hängt nicht zuletzt auch davon ab, wie lange sich eine Person in ihr aufhält. Hier ist es von Nutzen, beweglich zu bleiben, und Nietzsche empfiehlt gar, zwischen mehreren, positiv wirkenden Orten zu pendeln, um ihre Wirkungen durch den Kontrast zu verstärken.*

*Zudem ist der Ortswechsel nicht nur der psychischen Gesundheit förderlich. Reisen bedeutet auch, sich zeitweilig vom Alltag, von den Pflichten des Berufs, von den Werten und Meinungen der Umgebung zu entfernen, was einem neue Ansichten und Perspektiven eröffnen, den Kopf für neue Ideen freimachen kann. Zudem schärft sich aus der Distanz der Blick für das Gewohnte, läßt sich das Selbstverständnis bisheriger Wertsetzungen von einem Vergleichsstandpunkt aus erschüttern. Die »aktiv Reisenden« sind diejenigen, die nicht nur offen für das Neue und Fremde sind, sondern es in einer Weise in sich aufzunehmen wissen, die ihrem Leben neue Energien zuführt. Das sind die freien Geister, die aber, wenn sie eine gewisse Tiefe und Weite des Blicks erlangt haben, begreifen, daß sie sich in der Welt nur als Wanderer, als Nomaden »heimisch« fühlen können. Ihre Wanderschaft gründet in der Weite ihres Horizonts und in der Verwandlungsfähigkeit ihres Geistes; sie ist nicht zu verwechseln mit der inneren Unruhe und Rastlosigkeit jener Menschen, die, vor der eigenen inneren Leere, Öde und Langeweile flüchtend, nach ständigem Wechsel, nach immer Neuem dürsten, um sich selbst zu vergessen.*

Es steht Niemandem frei, überall zu leben; und wer grosse Aufgaben zu lösen hat, die seine ganze Kraft herausfordern, hat hier sogar eine sehr enge Wahl. Der klimatische Einfluss auf den Stoffwechsel, seine Hemmung, seine Beschleunigung, geht so weit, dass ein Fehlgriff in Ort und Klima Jemanden nicht nur seiner Aufgabe entfremden, sondern ihm dieselbe überhaupt vorenthalten kann: er bekommt sie nie zu Gesicht. Der animalische vigor ist nie gross genug bei ihm geworden, dass jene in's Geistigste überströmende Freiheit erreicht wird, wo Jemand erkennt: das kann ich allein ...

(...) Ich habe einen Fall vor Augen, wo ein bedeutend und frei angelegter Geist bloss durch Mangel an Instinkt-Feinheit im Klimatischen eng, verkrochen, Specialist und Sauertopf wurde. Und ich selber hätte zuletzt dieser Fall werden können, gesetzt, dass mich nicht die Krankheit zur Vernunft, zum Nachdenken über die Vernunft in der Realität gezwungen hätte. Jetzt, wo ich die Wirkungen klimatischen und meteorologischen Ursprungs aus langer Übung an mir als an einem sehr feinen und zuverlässigen Instrumente ablese und bei einer kurzen Reise schon, etwa von Turin nach Mailand, den Wechsel in den Graden der Luftfeuchtigkeit physiologisch bei mir nachrechne, denke ich mit Schrecken an die unheimliche Thatsache, dass mein Leben bis auf die letzten 10 Jahre, die lebensgefährlichen Jahre, immer sich nur in falschen und mir geradezu verbotenen Orten abgespielt hat. Naumburg, Schulpforta, Thüringen überhaupt, Leipzig, Basel – (...)

In meiner Basler Zeit war meine ganze geistige Diät, die Tages-Eintheilung eingerechnet, ein vollkommen sinnloser Missbrauch ausserordentlicher Kräfte, ohne eine irgendwie den Verbrauch deckende Zufuhr von Kräften, ohne ein Nachdenken selbst über Verbrauch und Ersatz. Es fehlte jede feinere Selbstigkeit, jede Obhut eines gebieterischen Instinkts, es war ein Sich-gleichsetzen mit Irgendwem, eine »Selbstlosigkeit«, ein Vergessen seiner Distanz, – Etwas, das ich mir nie verzeihe. Als ich fast am Ende war, dadurch dass ich fast am Ende war, wurde ich nachdenklich über diese Grund-Unvernunft meines Lebens – den »Idealismus«. Die Krankheit brachte mich erst zur Vernunft.[56]

Seine Umstände kennen. – Unsere Kräfte können wir abschätzen, aber nicht unsere Kraft. Die Umstände verbergen und zeigen uns dieselbe nicht nur, – nein! sie vergrössern und verkleinern sie. Man soll sich für eine variable Grösse halten, deren Leistungsfähigkeit unter Umständen der Begünstigung vielleicht der allerhöchsten gleichkommen kann: man soll also über die Umstände nachdenken und keinen Fleiss in deren Beobachtung scheuen.[57]

* * *

Wahl der Umgebung. – Man hüte sich, in einer Umgebung zu leben, vor der man weder würdig schweigen, noch sein Höheres mitzutheilen vermag, sodass unsere Klagen und Bedürfnisse und die ganze Geschichte unserer Nothstände zur Mittheilung übrig bleiben. Dabei wird man mit sich unzufrieden, und unzufrieden mit dieser Umgebung, ja, nimmt den Verdruss, sich immer als Klagenden zu empfinden, noch zu dem Nothstande hinzu, der uns klagen macht. Sondern dort soll man leben, wo man sich schämt, von sich zu reden, und es nicht nöthig hat. – Aber wer denkt an solche Dinge, an eine Wahl in solchen Dingen! Man redet von seinem »Verhängniss«, stellt sich mit breitem Rücken hin und seufzt »ich unglückseliger Atlas!»[58]

* * *

In einem falschen Milieu leben, seiner Lebensaufgabe ausweichen (was ich that so lange ich Philologe und Universitätslehrer war) richtet mich physisch unfehlbar zu Grunde; und jeder Fortschritt auf meinem Wege hat mich der Gesundheit auch im leiblichsten Sinne näher geführt. Jede Reise nach Deutschland war bisher aus dem angeführten Grunde ein Rückfall, eine Schwächung meiner Kräfte: leider waren solche Reisen aus diesem und jenem Grunde immer nöthig.[59]

* * *

Die deutsche Unlust am Leben ist wesentlich Wintersiechthum, eingerechnet die Wirkungen der Kellerluft und des Ofengiftes in deutschen Wohnräumen.[60]

DIE DEUTSCHEN sind vielleicht nur in ein falsches Klima gerathen! Es ist Etwas in ihnen, das hellenisch sein könnte – das erwacht bei der Berührung mit dem Süden.[61]

* * *

[AN KÖSELITZ, 1.2.1888, aus Nizza]

Lieber Freund, Ihre psychologische Nachrechnung über den Einfluß Venedigs ist richtig. Hier, wo man unter so vielen Gästen und Patienten beständig von der Idiosynkrasie bestimmter Clima-Einwirkung reden hört, habe ich allmählich das Cardinale dieser Frage begriffen. In Hinsicht auf das optimum, auf die Verwirklichung unsrer allerpersönlichsten Wünsche (– unsrer »Werke«) muß man auf diese Stimme der Natur hören: gewisse Musik gedeiht ebensowenig unter feuchtem Himmel wie gewisse Pflanzen. Eben erzählte mir meine Tischnachbarin, daß sie bis vor 2 Wochen in Berlin krank gelegen sei, unter der größten Besorgniß der Ärzte und nicht mehr fähig, von einer Straßenecke zur andern zu gehn. Jetzt – ja was sich verändert hat, sie weiß es nicht zu sagen: aber sie läuft und ißt und ist heiter und begreift nicht mehr, daß sie krank war. Da sich dieselbe Geschichte bei ihr schon drei Mal zugetragen hat, so schwört sie auf »Lufttrokkenheit« als Recept gegen alle Übel der Seele (– denn sie hat an einer Art melancholischer Desperation gelitten). – Daß Sie jahrelang Venedig als Contrastclima (zum Clima Ihrer Jugend) wohlthätig und gleichsam ölhaft calmirend empfunden haben, ist vollkommen correkt: ich verhandelte im Engadin mit Ärzten über dieseprincipielle Frage: daß dasselbe Clima als Reiz- und Contrastclima – also nur für eine bestimmte Zeit verordnet – geradezu den entgegengesetzten Einfluß hat, wenn es als Dauerklima benutzt wird; daß z.B. der Engadiner unter dem beständigen Einflusse seines Climas ernst, phlegmatisch, etwas anämisch wird, während der Gast dieses Klimas von ihm eine außerordentliche Belebung und Gesammtverstärkung des animalischen Seins davonträgt.[62]

* * *

GLEICH WIE EIN ARZT seinen Kranken in eine völlig fremde Umgebung stellt, damit er seinem ganzen »Bisher«, seinen Sorgen, Freunden, Briefen, Pflichten, Dummheiten und Gedächtnissmartern entrückt wird und Hände und Sinne nach neuer Nahrung, neuer Sonne, neuer Zukunft ausstrecken lernt, so zwang ich mich, als Arzt und Kranker in Einer Person, zu einem umgekehrten unerprobten Klima der Seele, und namentlich zu einer abziehenden Wanderung in die Fremde, in das Fremde, zu einer Neugierde nach aller Art von Fremdem … Ein langes Herumziehn, Suchen, Wechseln folgte hieraus, ein Widerwille gegen alles Festbleiben, gegen jedes plumpe Bejahen und Verneinen; ebenfalls eine Diätetik und Zucht, welche es dem Geiste so leicht als möglich machen wollte, weit zu laufen, hoch zu fliegen, vor Allem immer wieder fort zu fliegen. Thatsächlich ein Minimum von Leben, eine Loskettung von allen gröberen Begehrlichkeiten, eine Unabhängigkeit inmitten aller Art äusserer Ungunst, sammt dem Stolze, leben zu können unter dieser Ungunst; etwas Cynismus vielleicht, etwas »Tonne«, aber ebenso gewiss viel Grillen-Glück, Grillen-Munterkeit, viel Stille, Licht, feinere Thorheit, verborgenes Schwärmen – das Alles ergab zuletzt eine grosse geistige Erstarkung, eine wachsende Lust und Fülle der Gesundheit. Das Leben selbst belohnt uns für unsern zähen Willen zum Leben, für einen solchen langen Krieg, wie ich ihn damals mit mir gegen den Pessimismus der Lebensmüdigkeit führte, schon für jeden aufmerksamen Blick unsrer Dankbarkeit, der sich die kleinsten, zartesten, flüchtigsten Geschenke des Lebens nicht entgehn lässt.[63]

* * *

Und immer wieder diese harte innere Stimme, welche befahl: »fort von hier! Vorwärts, Wanderer! Es sind noch viele Meere und Länder für dich übrig: wer weiß, wem Alles du noch begegnen mußt?»[64]

* * *

Ein Stern gieng unter und verschwand – aber sein Licht ist noch unterwegs, und wann wird es aufhören, unterwegs zu sein?

Bist du ein Stern? So mußt du auch wandern und heimatlos sein.[65]

Der Wanderer. – Wer nur einigermaassen zur Freiheit der Vernunft gekommen ist, kann sich auf Erden nicht anders fühlen, denn als Wanderer, – nicht als Reisender nach einem letzten Ziele: denn dieses giebt es nicht. Wohl aber will er zusehen und die Augen dafür offen haben, was Alles in der Welt eigentlich vorgeht; desshalb darf er sein Herz nicht allzufest an alles Einzelne anhängen; es muss in ihm selber etwas Wanderndes sein, das seine Freude an dem Wechsel und der Vergänglichkeit habe. Freilich werden einem solchen Menschen böse Nächte kommen, wo er müde ist und das Thor der Stadt, welche ihm Rast bieten sollte, verschlossen findet; vielleicht, dass noch dazu, wie im Orient, die Wüste bis an das Thor reicht. (...) Geht ihm dann die Morgensonne auf, glühend wie eine Gottheit des Zornes, öffnet sich die Stadt, so sieht er in den Gesichtern der hier Hausenden vielleicht noch mehr Wüste, Schmutz, Trug, Unsicherheit, als vor den Thoren – und der Tag ist fast schlimmer, als die Nacht. So mag es wohl einmal dem Wanderer ergehen; aber dann kommen, als Entgelt, die wonnevollen Morgen anderer Gegenden und Tage, wo er schon im Grauen des Lichtes die Musenschwärme im Nebel des Gebirges nahe an sich vorübertanzen sieht, wo ihm nachher, wenn er still, in dem Gleichmaass der Vormittagsseele, unter Bäumen sich ergeht, aus deren Wipfeln und Laubverstecken heraus lauter gute und helle Dinge zugeworfen werden, die Geschenke aller jener freien Geister, die in Berg, Wald und Einsamkeit zu Hause sind und welche, gleich ihm, in ihrer bald fröhlichen bald nachdenklichen Weise, Wanderer und Philosophen sind.[66]

Immer zu Hause. – Eines Tages erreichen wir unser Ziel – und weisen nunmehr mit Stolz darauf hin, was für lange Reisen wir dazu gemacht haben. In Wahrheit merkten wir nicht, dass wir reisten. Wir kamen aber dadurch so weit, dass wir an jeder Stelle wähnten, zu Hause zu sein.[67]

Menschen, welche sehr viel innerhalb eines bestimmten Berufes arbeiten, behalten ihre allgemeinen Ansichten über die Dinge der Welt fast unverändert bei: diese werden in ihren Köpfen immer härter, immer tyrannischer. Deshalb sind jene Zeiten, in welchen der Mensch genöthigt ist seine Arbeit zu verlassen, so wichtig, weil da erst neue Begriffe und Empfindungen sich wieder einmal herandrängen dürfen, und seine Kraft nicht schon durch die täglichen Ansprüche von Pflicht und Gewohnheit verbraucht ist. Wir modernen Menschen müssen alle viel unserer geistigen Gesundheit wegen reisen: und man wird immer mehr reisen, je mehr gearbeitet wird. An den Reisenden haben sich also die zu wenden, welche an der Veränderung der allgemeinen Ansichten arbeiten.[68]

* * *

Der Gegenwart entfremdet. – Es hat grosse Vortheile, seiner Zeit sich einmal in stärkerem Maasse zu entfremden und gleichsam von ihrem Ufer zurück in den Ocean der vergangenen Weltbetrachtungen getrieben zu werden. Von dort aus nach der Küste zu blickend, überschaut man wohl zum ersten Male ihre gesammte Gestaltung und hat, wenn man sich ihr wieder nähert, den Vortheil, sie besser im Ganzen zu verstehen, als Die, welche sie nie verlassen haben.[69]

* * *

Wann Abschied nehmen noth thut. – Von dem, was du erkennen und messen willst, musst du Abschied nehmen, wenigstens auf eine Zeit. Erst wenn du die Stadt verlassen hast, siehst du, wie hoch sich ihre Thürme über die Häuser erheben.[70]

* * *

Reisende und ihre Grade. – Unter den Reisenden unterscheide man nach fünf Graden: die des ersten niedrigsten Grades sind solche, welche reisen und dabei gesehen werden, – sie werden eigentlich gereist und sind gleichsam blind; die nächsten sehen wirklich selber in die Welt; die dritten erleben Etwas in Folge des Sehens; die vierten leben das Erlebte in sich hinein und tragen es mit sich fort; endlich giebt es einige Menschen der höchsten Kraft, welche alles Gesehene, nachdem es erlebt und eingelebt worden ist, endlich auch nothwendig wieder aus sich herausleben müssen, in Handlungen und Werken, sobald sie nach Hause zurückgekehrt sind. – Diesen fünf Gattungen von Reisenden gleich gehen überhaupt alle Menschen durch die ganze

Wanderschaft des Lebens, die niedrigsten als reine Passiva, die höchsten als die Handelnden und Auslebenden ohne allen Rest zurückbleibender innerer Vorgänge.[71]

* * *

VERGNÜGUNGS-REISENDE. – Sie steigen wie Thiere den Berg hinauf, dumm und schwitzend; man hatte ihnen zu sagen vergessen, dass es unterwegs schöne Aussichten gebe.[72]

* * *

EMPFINDUNG auf dem Lande. – Wenn man nicht feste, ruhige Linien am Horizonte seines Lebens hat, Gebirgs- und Waldlinien gleichsam, so wird der innerste Wille des Menschen selber unruhig, zerstreut und begehrlich wie das Wesen des Städters: er hat kein Glück und giebt kein Glück.[73]

* * *

WIR WERDEN DES ALTEN, sicher Besessenen allmählich überdrüssig und strecken die Hände wieder aus; selbst die schönste Landschaft, in der wir drei Monate leben, ist unserer Liebe nicht mehr gewiss, und irgend eine fernere Küste reizt unsere Habsucht an: der Besitz wird durch das Besitzen zumeist geringer. Unsere Lust an uns selber will sich so aufrecht erhalten, dass sie immer wieder etwas Neues in uns selber verwandelt, – das eben heisst Besitzen.[74]

# 4.

# *»Ich habe gehen gelernt: seitdem lasse ich mich laufen«* – Die eigenen Rhythmen finden

*Ausgehend von einer ganzheitlichen Auffassung des Menschen stellt Nietzsche ausdrückliche Verbindungen zwischen körperlichen und geistigen Formen der Rhythmisierung her. Wenn er das Gehen mit dem Denken und der schöpferischen Produktion verknüpft, so spielen auch hier eigene Erfahrungen mit. Nicht selten verdankte er – selbst ein großer Wanderer – seine Gedanken dem Gehen; es waren sozusagen Ge(h)danken, die ihm auf seinen Wegen entgegenkamen und zugleich sein Denken auf den Weg brachten.*

*Nietzsche imaginiert die Bewegungsformen Gehen, Laufen, Tanzen als Stufen einer rhythmisierten Überwindung der eigenen Schwere – bis hin zur Schwerelosigkeit des Fluges, der den Zustand der Erhebung im Augenblick der Inspiration verbildlicht. Immer wieder vergegenwärtigt er uns Akte geistiger Befreiung als Bewegungsbilder: Der feste Schritt des Wanderers, die prekäre Balance des Seiltänzers, das mühevolle Steigen, der Sprung symbolisieren unterschiedliche Formen geistigen Unterwegsseins. Zuletzt verrät noch der Stil, ob der Gedanke freier Bewegung entsprang oder ob er bei dumpfer Stubenluft ausgebrütet wurde.*

*Jedem Einzelnen ist es aufgegeben, sich der ihm eigentümlichen Rhythmen bewußt zu werden, die Tempi, für die er Atem hat, zu erproben. Nietzsche versteht unsere inneren Rhythmen gleichsam als eine Art verlängerter Erkenntnisorgane: Der Mensch muß alles ihm Begegnende rhythmisieren, es in seine eigenen inneren Formen übersetzen. Erst dadurch eignet er es sich an.*

ANGESICHTS eines gelehrten Buches. – Wir gehören nicht zu Denen, die erst zwischen Büchern, auf den Anstoss von Büchern zu Gedanken kommen – unsre Gewohnheit ist, im Freien zu denken, gehend, springend, steigend, tanzend, am liebsten auf einsamen Bergen oder dicht am Meere, da wo selbst die Wege nachdenklich werden. Unsre ersten Werthfragen, in Bezug auf Buch, Mensch und Musik, lauten: »kann er gehen? mehr noch, kann er tanzen?« … Wir lesen selten, wir lesen darum nicht schlechter – oh wie rasch errathen wir's, wie Einer auf seine Gedanken gekommen ist, ob sitzend, vor dem Tintenfass, mit zusammengedrücktem Bauche, den Kopf über das Papier gebeugt: oh wie rasch sind wir auch mit seinem Buche fertig! Das geklemmte Eingeweide verräth sich, darauf darf man wetten, ebenso wie sich Stubenluft, Stubendecke, Stubenenge verräth.[75]

SO WENIG als möglich sitzen; keinem Gedanken Glauben schenken, der nicht im Freien geboren ist und bei freier Bewegung, – in dem nicht auch die Muskeln ein Fest feiern. Alle Vorurtheile kommen aus den Eingeweiden. – Das Sitzfleisch – ich sagte es schon einmal – die eigentliche Sünde wider den heiligen Geist.[76]

BEETHOVEN componirte gehend. Alle genialen Augenblicke sind von einem Überschuß an Muskelkraft begleitet.

Das heißt in jedem Sinne der Vernunft folgen. Fordert erst jede geniale Erregung eine Menge Muskel-Energie, – sie erhöht das Kraft-Gefühl überall. Umgekehrt steigert ein starker Marsch die geistige Energie, bis zum Rausch[77]

MIT DEM **Fusse** schreiben.
Ich schreib nicht mit der Hand allein:
Der **Fuss** will stets mit Schreiber sein.
Fest, frei und tapfer läuft er mir
Bald durch das Feld, bald durchs Papier.[78]

UNTER DEM halkyonischen Himmel Nizza's, der damals zum ersten Male in mein Leben hineinglänzte, fand ich den dritten Zarathustra. (…) Viele verborgne Flecke und Höhen aus der Landschaft Nizza's sind mir durch unvergessliche Augenblicke geweiht; jene entscheidende Partie, welche den Titel »von alten und neuen Tafeln« trägt, wurde im beschwerlichsten Aufsteigen von der Station zu dem wunderbaren maurischen Felsenneste Eza gedichtet, – die Muskel-Behendheit war bei mir immer am grössten, wenn die schöpferische Kraft am reichsten floss. Der L e i b ist begeistert: lassen wir die »Seele« aus dem Spiele … Man hat mich oft tanzen sehn können; ich konnte damals, ohne einen Begriff von Ermüdung, sieben, acht Stunden auf Bergen unterwegs sein. Ich schlief gut, ich lachte viel –, ich war von einer vollkommnen Rüstigkeit und Geduld.[79]

* * *

GUTE TAGE wollen auf guten Füßen gehen.[80]

* * *

AUF JEDEM Seile gehn, auf jeder Möglichkeit tanzen: sein Genie in die Füße bekommen.[81]

* * *

VOM GEIST DER SCHWERE.

* * *

(…) Unselig heisse ich auch Die, welche immer w a r t e n müssen, – die gehen mir wider den Geschmack: alle die Zöllner und Krämer und Könige und andren Länder- und Ladenhüter.

Wahrlich, ich lernte das Warten auch und von Grund aus, – aber nur das Warten auf mich. Und über Allem lernte ich stehn und gehn und laufen und springen und klettern und tanzen.

Das ist aber meine Lehre: wer einst fliegen lernen will, der muss erst stehn und gehn und laufen und klettern und tanzen lernen: – man erfliegt das Fliegen nicht![82]

Ich würde nur an einen Gott glauben, der zu tanzen verstünde.

Und als ich meinen Teufel sah, da fand ich ihn ernst, gründlich, tief, feierlich: es war der Geist der Schwere, – durch ihn fallen alle Dinge.

Nicht durch Zorn, sondern durch Lachen tödtet man. Auf, lasst uns den Geist der Schwere tödten!

Ich habe gehen gelernt: seitdem lasse ich mich laufen. Ich habe fliegen gelernt: seitdem will ich nicht erst gestossen sein, um von der Stelle zu kommen.

Jetzt bin ich leicht, jetzt fliege ich, jetzt sehe ich mich unter mir, jetzt tanzt ein Gott durch mich.[83]

* * *

Sich gehen lassen. – Je mehr sich Einer gehen lässt, um so weniger lassen ihn die Andern gehen.[84]

* * *

Der Schritt verräth, ob Einer schon auf seiner Bahn schreitet. So seht mich gehen! Wer aber seinem Ziele nahe kommt, der – tanzt![85]

* * *

Die »Wege«. – Die angeblichen »kürzeren Wege« haben die Menschheit immer in grosse Gefahr gebracht; sie verlässt immer bei der frohen Botschaft, dass ein solcher kürzerer Weg gefunden sei, ihren Weg – und verliert den Weg.[86]

* * *

Wenn die Gefahr am grössten ist. – Man bricht das Bein selten, so lange man im Leben mühsam aufwärts steigt, aber wenn man anfängt, es sich leicht zu machen und die bequemen Wege zu wählen.[87]

Mancher ward seiner selber müde: und da erst holte ihn sein Glück ein, das ihm aufgespart war – aber er lief immer auf zu raschen Füßen![88]

* * *

Vom Ursprunge der Poesie. – (…) Man hatte in jenen alten Zeiten, welche die Poesie in's Dasein riefen, (…) die Nützlichkeit dabei im Auge und eine sehr grosse Nützlichkeit (…) Es sollte vermöge des Rhythmus den Göttern ein menschliches Anliegen tiefer eingeprägt werden, nachdem man bemerkt hatte, dass der Mensch einen Vers besser im Gedächtniss behält, als eine ungebundene Rede; ebenfalls meinte man durch das rhythmische Tiktak über grössere Fernen hin sich hörbar zu machen; das rhythmisirte Gebet schien den Göttern näher an's Ohr zu kommen. Vor Allem aber wollte man den Nutzen von jener elementaren Ueberwältigung haben, welche der Mensch an sich beim Hören der Musik erfährt: der Rhythmus ist ein Zwang; er erzeugt eine unüberwindliche Lust, nachzugeben, mit einzustimmen; nicht nur der Schritt der Füsse, auch die Seele selber geht dem Tacte nach, – wahrscheinlich, so schloss man, auch die Seele der Götter! Man versuchte sie also durch den Rhythmus zu zwingen und eine Gewalt über sie auszuüben: man warf ihnen die Poesie wie eine magische Schlinge um (…) längst bevor es Philosophen gab, gestand man der Musik die Kraft zu, die Affecte zu entladen, die Seele zu reinigen, die ferocia animi zu mildern – und zwar gerade durch das Rhythmische in der Musik. Wenn die richtige Spannung und Harmonie der Seele verloren gegangen war, musste man tanzen, in dem Tacte des Sängers, – das war das Recept dieser Heilkunst.[89]

* * *

Mein Fuss (…) hat das Bedürfniss nach Takt, Tanz, Marsch, er verlangt von der Musik vorerst die Entzückungen, welche in gutem Gehen, Schreiten, Springen, Tanzen liegen. – (…) Und so frage ich mich: was will eigentlich mein ganzer Leib von der Musik überhaupt? Ich glaube, seine Erleichterung: wie als ob alle animalischen Funktionen durch leichte kühne ausgelassne selbstgewisse Rhythmen beschleunigt werden sollten; wie als ob das eherne, das bleierne Leben durch goldene gute zärtliche Harmonien vergoldet werden sollte. Meine Schwermuth will in den Verstecken und Abgründen der Vollkommenheit ausruhn: dazu brauche ich Musik.[90]

* * *

Der Mensch ist ein rhythmen-bildendes Geschöpf. (...) Sein Mittel, sich zu ernähren und die Dinge sich anzueignen, ist, sie in »Formen« und Rhythmen zu bringen.[91]

# 5.

# *»Ich will den Menschen die Ruhe wiedergeben« –* Moderne Hatz und Kunst der Muße

*Bewegtheit, beschleunigte Ablösung vom Herkommen, stetige Umwandlung der Lebensweisen, der Meinungen, der Moden, Weite des Blicks in alle Richtungen, unablässiges Einströmen neuer Eindrücke und Reize, Reichtum der Vergleichsmöglichkeiten zwischen den Kulturen, den Kunstrichtungen, den Weltanschauungen: das sind einige Hauptmerkmale der modernen Zeit, die in nicht wenigen Menschen innere Unruhe, Desorientierung, Gefühle der Angst und Leere erzeugen. Nietzsche analysiert mit Scharfblick die Reaktionen seiner Zeitgenossen auf die Rhythmen, Aufgaben, Arbeitsbedingungen und Ziele, die die neue Zeit den Einzelnen vorschreibt. Viele verdrängen die daraus resultierenden Gefühle der Halt- und Sinnlosigkeit, der Langeweile und inneren Leere. Niemand vermag mehr, sich gerade letztgenannten Zuständen einmal für länger auszusetzen, das kreative Potential, das in Langeweile und Leere keimt, reifen zu lassen. Viel leichter ist der Griff nach sich zahlreich bietenden Rausch- und Betäubungsmitteln. Zu diesen Mitteln gehören die Hast in jeder Tätigkeit, die laute Geselligkeit, der Kunstkonsum als Statussymbol, ein Beruf, dem man viel mehr Zeit und Energie widmet, als nötig wäre. Weder der in die Zwänge maschineller Arbeitsprozesse eingespannte Fabrikmensch noch der früh nutzbar gemachte Spezialist als Produkt eines zunehmend an »Utilität« orientierten Wissenschaftsbetriebs können für Nietzsche Vorbilder eines zukünftigen Menschen sein.*

*»In der ungeheuren Bewegtheit sollte der Philosoph Hemmschuh sein: kann er es noch sein?« – Diese Frage stellt sich der Philosophie um so dringlicher, als sich der Mensch, gewöhnt an die strenge Trennung von Arbeit und Freizeit, immer weniger fähig zeigt, Muße noch zu ertragen, geschweige denn zu genießen. Die Arbeit hat das »gute Gewissen« ganz auf ihre Seite gebracht; dabei ist in Vergessenheit geraten, daß, wer seine Erlebnisse noch verdauen will, auch den Mut zur Faulheit des Verdauenden haben muß.*

*So stellt Nietzsche dem Typus des hektisch »tätigen«, modernen Menschen den unzeitgemäßen Müßiggänger entgegen, den erfinderischen Menschen, den Kontemplativen, der sich seiner Muße nicht schämt, der noch die schwerste Arbeit auf sich nimmt, solange sie nur mit Lust verbunden ist und seiner Kreativität Spielräume offenhält. Er fürchtet die Stille, die Langeweile und Einsamkeit nicht, sucht sie vielmehr, weil er in ihnen Zugänge zu sich erkennt.*

ZEITALTER der Vergleichung. – Je weniger die Menschen durch das Herkommen gebunden sind, um so grösser wird die innere Bewegung der Motive, um so grösser wiederum, dem entsprechend, die äussere Unruhe, das Durcheinanderfluten der Menschen, die Polyphonie der Bestrebungen. Für wen giebt es jetzt noch einen strengeren Zwang, an einen Ort sich und seine Nachkommen anzubinden? Für wen giebt es überhaupt noch etwas streng Bindendes? Wie alle Stilarten der Künste neben einander nachgebildet werden, so auch alle Stufen und Arten der Moralität, der Sitten, der Culturen. – Ein solches Zeitalter bekommt seine Bedeutung dadurch, dass in ihm die verschiedenen Weltbetrachtungen, Sitten, Culturen verglichen und neben einander durchlebt werden können; was früher, bei der immer localisirten Herrschaft jeder Cultur, nicht möglich war, entsprechend der Gebundenheit aller künstlerischen Stilarten an Ort und Zeit. (…)

Es ist das Zeitalter der Vergleichung! Das ist sein Stolz, – aber billigerweise auch sein Leiden. Fürchten wir uns vor diesem Leiden nicht! Vielmehr wollen wir die Aufgabe, welche das Zeitalter uns stellt, so gross verstehen, als wir nur vermögen.[92]

ES SIND UNS, wie noch nie irgendwelchen Menschen, Blicke nach allen Seiten vergönnt, überall ist kein Ende abzusehn. Wir haben daher ein Gefühl der ungeheuren Weite – aber auch der ungeheuren Leere voraus: und die Erfindsamkeit aller höheren Menschen besteht in diesem Jahrhundert darin, über dies furchtbare Gefühl der Oede hinwegzukommen. Der Gegensatz dieses Gefühls ist der Rausch: wo sich gleichsam die ganze Welt in uns gedrängt hat und wir am Glück der Überfülle leiden. So ist denn dies Zeitalter im Erfinden von Rausch-Mitteln am erfinderischesten. Wir kennen alle den Rausch, als Musik, als blinde sich selber blendende Schwärmerei und Anbetung vor einzelnen Menschen und Ereignissen, wir kennen den Rausch des Tragischen, das ist die Grausamkeit im Anblick des Zugrundegehens, zumal wenn es das Edelste ist, was zu Grunde geht: wir kennen die bescheideneren Arten des Rausches, die besinnungslose Arbeit, das sich-Opfern als Werkzeug einer Wissenschaft oder politischen oder geldmachenden Partei; irgend ein kleiner dummer Fanatismus, irgend ein unvermeidliches Sichherumdrehen im kleinsten Kreise hat schon berauschende Kräfte.[93]

ALLGEMEIN ist die Hast, weil jeder auf der Flucht vor sich selbst ist, allgemein auch das scheue Verbergen dieser Hast, weil man zufrieden scheinen will und die scharfsichtigeren Zuschauer über sein Elend täuschen möchte, allgemein das Bedürfniss nach neuen klingenden Wort-Schellen, mit denen behängt das Leben etwas Lärmend-Festliches bekommen soll. Jeder kennt den sonderbaren Zustand, wenn sich plötzlich unangenehme Erinnerungen aufdrängen und wir dann durch heftige Gebärden und Laute bemüht sind, sie uns aus dem Sinne zu schlagen: aber die Gebärden und Laute des allgemeinen Lebens lassen errathen, dass wir uns Alle und immerdar in einem solchen Zustande befinden, in Furcht vor der Erinnerung und Verinnerlichung. Was ist es doch, was uns so häufig anficht, welche Mücke lässt uns nicht schlafen? Es geht geisterhaft um uns zu, jeder Augenblick des Lebens will uns etwas sagen, aber wir wollen diese Geisterstimme nicht hören. Wir fürchten uns, wenn wir allein und stille sind, dass uns etwas in das Ohr geraunt werde, und so hassen wir die Stille und betäuben uns durch Geselligkeit. Dies Alles begreifen wir, wie gesagt, dann und wann einmal und wundern uns sehr über alle die schwindelnde Angst und Hast und über den ganzen traumartigen Zustand unseres Lebens, dem vor dem Erwachen zu grauen scheint und das um so lebhafter und unruhiger träumt, je näher es diesem Erwachen ist.[94]

ALLES REDET, alles wird zerredet; und was heute noch zu hart für den Zahn der Zeit scheint, wird morgen schon zerschabt und zerschunden aus hundert Mäulern hängen.

Alles redet, alles wird überhört; man mag seine Weisheit mit Glocken einläuten, die Krämer auf dem Markte werden sie mit Pfennigen überklingeln.

Alles redet, Niemand will zuhören. Alle Wasser rauschen zum Meere, jeder Bach hört nur sein eignes Rauschen.

Alles redet, Niemand will verstehen. Alles fällt ins Wasser, Nichts aber fällt in tiefe Brunnen. (…)

Alles redet, nichts geräth, alles gackert, aber Niemand will Eier legen.

Oh meine Brüder! Daß ihr nicht Stille von mir lernt! Und Einsamkeit!

Alles redet, Niemand weiß zu sagen. Alles läuft, Niemand lernt mehr gehen.

Alles redet, Niemand hört mich singen: Oh daß ihr Stille von mir lerntet! Und das Leiden der Einsamkeit![95]

Die moderne Unruhe. – Nach dem Westen zu wird die moderne Bewegtheit immer grösser, so dass den Amerikanern die Bewohner Europa's insgesammt sich als ruheliebende und geniessende Wesen darstellen, während diese doch selbst wie Bienen und Wespen durcheinander fliegen. Diese Bewegtheit wird so gross, dass die höhere Cultur ihre Früchte nicht mehr zeitigen kann; es ist, als ob die Jahreszeiten zu rasch auf einander folgten. Aus Mangel an Ruhe läuft unsere Civilisation in eine neue Barbarei aus. Zu keiner Zeit haben die Thätigen, das heisst die Ruhelosen, mehr gegolten. Es gehört desshalb zu den nothwendigen Correcturen, welche man am Charakter der Menschheit vornehmen muss, das beschauliche Element in grossem Maasse zu verstärken. Doch hat schon jeder Einzelne, welcher in Herz und Kopf ruhig und stetig ist, das Recht zu glauben, dass er nicht nur ein gutes Temperament, sondern eine allgemein nützliche Tugend besitze und durch die Bewahrung dieser Tugend sogar eine höhere Aufgabe erfülle.[96]

* * *

Ich will den Menschen die Ruhe wiedergeben, ohne welche keine Cultur werden und bestehen kann. Ebenso die *Schlichtheit*.[97]

* * *

Die Maschine *als Lehrerin*. – Die Maschine lehrt durch sich selber das Ineinandergreifen von Menschenhaufen, bei Actionen, wo Jeder nur Eins zu thun hat: sie giebt das Muster der Partei-Organisation und der Kriegsführung. Sie lehrt dagegen nicht die individuelle Selbstherrlichkeit: sie macht aus Vielen *eine* Maschine, und aus jedem Einzelnen ein Werkzeug zu *einem* Zwecke. Ihre allgemeinste Wirkung ist, den Nutzen der Centralisation zu lehren.[98]

Reaction gegen die Maschinen-Cultur. – Die Maschine, selber ein Erzeugniss der höchsten Denkkraft, setzt bei den Personen, welche sie bedienen, fast nur die niederen gedankenlosen Kräfte in Bewegung. Sie entfesselt dabei eine Unmasse Kraft überhaupt, die sonst schlafen läge, das ist wahr; aber sie giebt nicht den Antrieb zum Höhersteigen, zum Bessermachen, zum Künstlerwerden. Sie macht thätig und einförmig, – das erzeugt aber auf die Dauer eine Gegenwirkung, eine verzweifelte Langeweile der Seele, welche durch sie nach wechselvollem Müssiggange dürsten lernt.[99]

* * *

Langeweile und Spiel. – Das Bedürfniss zwingt uns zur Arbeit, mit deren Ertrage das Bedürfniss gestillt wird; das immer neue Erwachen der Bedürfnisse gewöhnt uns an die Arbeit. In den Pausen aber, in welchen die Bedürfnisse gestillt sind und gleichsam schlafen, überfällt uns die Langeweile. Was ist diese? Es ist die Gewöhnung an Arbeit überhaupt, welche sich jetzt als neues, hinzukommendes Bedürfniss geltend macht; sie wird um so stärker sein, je stärker Jemand gewöhnt ist zu arbeiten, vielleicht sogar je stärker Jemand an Bedürfnissen gelitten hat. Um der Langeweile zu entgehen, arbeitet der Mensch entweder über das Maass seiner sonstigen Bedürfnisse hinaus oder er erfindet das Spiel, das heisst die Arbeit, welche kein anderes Bedürfniss stillen soll, als das nach Arbeit überhaupt. Wer, des Spieles überdrüssig geworden ist und durch neue Bedürfnisse keinen Grund zur Arbeit hat, den überfällt mitunter das Verlangen nach einem dritten Zustand, welcher sich zum Spiel verhält, wie Schweben zum Tanzen, wie Tanzen zum Gehen, nach einer seligen, ruhigen Bewegtheit: es ist die Vision der Künstler und Philosophen von dem Glück.[100]

* * *

Die Posse vieler Arbeitsamen. – Sie erkämpfen durch ein Uebermaass von Anstrengung sich freie Zeit und wissen nachher Nichts mit ihr anzufangen, als die Stunden abzuzählen, bis sie abgelaufen sind.[101]

Beschäftigt wollen die Menschen noch mehr als glücklich sein. Also ist jeder, der sie beschäftigt, ein Wohlthäter. Die Flucht vor der Langeweile! Im Orient findet sich die Weisheit mit der Langeweile ab, das Kunststück, das den Europäern so schwer ist, daß sie die Weisheit als unmöglich verdächtigen.[102]

Die arbeitsamen Rassen finden eine grosse Beschwerde darin, den Müssiggang zu ertragen: es war ein Meisterstück des englischen Instinktes, den Sonntag in dem Maasse zu heiligen und zu langweiligen, dass der Engländer dabei wieder unvermerkt nach seinem Wochen- und Werktage lüstern wird: – als eine Art klug erfundenen, klug eingeschalteten Fastens.[103]

Ueberstolzer Europäer des neunzehnten Jahrhunderts, du rasest! Dein Wissen vollendet nicht die Natur, sondern tödtet nur deine eigene. Miss nur einmal deine Höhe als Wissender an deiner Tiefe als Könnender. Freilich kletterst du an den Sonnenstrahlen des Wissens aufwärts zum Himmel, aber auch abwärts zum Chaos. Deine Art zu gehen, nämlich als Wissender zu klettern, ist dein Verhängniss; Grund und Boden weichen in's Ungewisse für dich zurück; für dein Leben giebt es keine Stützen mehr, nur noch Spinnefäden, die jeder neue Griff deiner Erkenntniss auseinanderreisst.[104]

Es soll (...) gar nicht (...) das Zeitalter der fertig und reif gewordenen, der harmonischen Persönlichkeiten sein, sondern das der gemeinsamen möglichst nutzbaren Arbeit. Das heisst eben doch nur: die Menschen sollen zu den Zwecken der Zeit abgerichtet werden, um so zeitig als möglich mit Hand anzulegen; sie sollen in der Fabrik der allgemeinen Utilitäten arbeiten, bevor sie reif sind, ja damit sie gar nicht mehr reif werden – weil dies ein Luxus wäre, der »dem Arbeitsmarkte« eine Menge von Kraft entziehen würde.[105]

Die Täglich-Abgenützten. – Diesen jungen Männern fehlt es weder an Charakter, noch an Begabung, noch an Fleiss: aber man hat ihnen nie Zeit gelassen, sich selber eine Richtung zu geben, vielmehr sie von Kindesbeinen an gewöhnt, eine Richtung zu empfangen. Damals, als sie reif genug waren, um »in die Wüste geschickt zu werden«, that man etwas Anderes, – man benutzte sie, man entwendete sie sich selber, man erzog sie zu dem täglichen Abgenutztwerden, man machte ihnen eine Pflichtenlehre daraus – und jetzt können sie es nicht mehr entbehren und wollen es nicht anders. Nur darf man diesen armen Zugthieren ihre »Ferien« nicht versagen – wie man es nennt, diess Musse-Ideal eines überarbeiteten Jahrhunderts: wo man einmal nach Herzenslust faulenzen und blödsinnig und kindisch sein darf.[106]

* * *

Die Lobredner der Arbeit. – Bei der Verherrlichung der »Arbeit«, bei dem unermüdlichen Reden vom »Segen der Arbeit« sehe ich den selben Hintergedanken, wie bei dem Lobe der gemeinnützigen unpersönlichen Handlungen: den der Furcht vor allem Individuellen. Im Grunde fühlt man jetzt, beim Anblick der Arbeit – man meint immer dabei jene harte Arbeitsamkeit von früh bis spät –, dass eine solche Arbeit die beste Polizei ist, dass sie Jeden im Zaume hält und die Entwickelung der Vernunft, der Begehrlichkeit, des Unabhängigkeitsgelüstes kräftig zu hindern versteht. Denn sie verbraucht ausserordentlich viel Nervenkraft und entzieht dieselbe dem Nachdenken, Grübeln, Träumen, Sorgen, Lieben, Hassen, sie stellt ein kleines Ziel immer in's Auge und gewährt leichte und regelmässige Befriedigungen. So wird eine Gesellschaft, in welcher fortwährend hart gearbeitet wird, mehr Sicherheit haben: und die Sicherheit betet man jetzt als die oberste Gottheit an.[107]

* * *

Einsamkeit lernen. – Oh, ihr armen Schelme in den grossen Städten der Weltpolitik, ihr jungen, begabten, vom Ehrgeiz gemarterten Männer, welche es für ihre Pflicht halten, zu allen Begebenheiten – es begiebt sich immer Etwas – ihr Wort zu sagen! Welche, wenn sie auf diese Art Staub und Lärm machen, glauben, der Wagen der Geschichte zu sein! Welche, weil sie immer horchen, immer auf den Augenblick passen, wo sie ihr Wort hineinwerfen können, jede ächte Productivität verlieren! Mögen sie auch noch so begehrlich nach grossen Werken sein: die tiefe Schweigsamkeit der Schwangerschaft kommt nie zu ihnen! Das Ereigniss des Tages jagt sie wie Spreu vor sich her, während sie meinen, das Ereigniss zu jagen, – die armen Schelme![108]

* * *

GUT, DIE WISSENSCHAFT ist in den letzten Jahrzehnten erstaunlich schnell gefördert worden: aber seht euch nun auch die Gelehrten, die erschöpften Hennen an. Es sind wahrhaftig keine »harmonischen« Naturen: nur gackern können sie mehr als je, weil sie öfter Eier legen: freilich sind auch die Eier immer kleiner (obzwar die Bücher immer dicker) geworden.[109]

* * *

ANGESICHTS eines gelehrten Buches. – (…) An dem Buche eines Gelehrten ist fast immer auch etwas Drückendes, Gedrücktes: der »Specialist« kommt irgendwo zum Vorschein, sein Eifer, sein Ernst, sein Ingrimm, seine Ueberschätzung des Winkels, in dem er sitzt und spinnt, sein Buckel, – jeder Specialist hat seinen Buckel. Ein Gelehrten-Buch spiegelt immer auch eine krummgezogene Seele: jedes Handwerk zieht krumm. Man sehe seine Freunde wieder, mit denen man jung war, nachdem sie Besitz von ihrer Wissenschaft ergriffen haben: ach, wie auch immer das Umgekehrte geschehn ist! Ach, wie sie selbst auf immer nunmehr von ihr besetzt und besessen sind! In ihre Ecke eingewachsen, verdrückt bis zur Unkenntlichkeit, unfrei, um ihr Gleichgewicht gebracht, abgemagert und eckig überall, nur an Einer Stelle ausbündig rund, – man ist bewegt und schweigt, wenn man sie so wiederfindet. Jedes Handwerk, gesetzt selbst, dass es einen goldenen Boden hat, hat über sich auch eine bleierne Decke, die auf die Seele drückt und drückt, bis sie wunderlich und krumm gedrückt ist. Daran ist Nichts zu ändern. Man glaube ja nicht, dass es möglich sei, um diese Verunstaltung durch irgend welche Künste der Erziehung herumzukommen. Jede Art Meisterschaft zahlt sich theuer auf Erden, wo vielleicht Alles sich zu theuer zahlt, man ist Mann seines Fachs um den Preis, auch das Opfer seines Fachs zu sein.[110]

Der blindwüthende Fleiss (…) wird dargestellt als der Weg zu Reichthum und Ehre und als das heilsamste Gift gegen die Langeweile und die Leidenschaften: aber man verschweigt seine Gefahr, seine höchste Gefährlichkeit. Wie oft sehe ich es, dass [er] (…) zugleich den Organen die Feinheit nimmt, vermöge deren es einen Genuss an Reichthum und Ehren geben könnte, ebenso, dass jenes Hauptmittel gegen die Langeweile und die Leidenschaften zugleich die Sinne stumpf und den Geist widerspänstig gegen neue Reize macht. Das fleissigste aller Zeitalter – unser Zeitalter – weiss aus seinem vielen Fleisse und Gelde Nichts zu machen, als immer wieder mehr Geld und immer wieder mehr Fleiss: es gehört eben mehr Genie dazu, auszugeben, als zu erwerben![111]

Gefahr im Reichthum. – Nur wer Geist hat, sollte Besitz haben: sonst ist der Besitz gemeingefährlich. Der Besitzende nämlich, der von der freien Zeit, welche der Besitz ihm gewähren könnte, keinen Gebrauch zu machen versteht, wird immer fortfahren, nach Besitz zu streben: dieses Streben wird seine Unterhaltung, seine Kriegslist im Kampf mit der Langenweile sein. So entsteht zuletzt, aus mässigem Besitz, welcher dem Geistigen genügen würde, der eigentliche Reichthum: und zwar als das gleissende Ergebniss geistiger Unselbständigkeit und Armuth. Nun erscheint er aber ganz anders, als seine armselige Abkunft erwarten lässt, weil er sich mit Bildung und Kunst maskiren kann: er kann eben die Maske kaufen. Dadurch erweckt er Neid bei den Aermeren und Ungebildeten – welche im Grunde immer die Bildung beneiden und in der Maske nicht die Maske sehen – und bereitet allmählich eine sociale Umwälzung vor: denn vergoldete Roheit und schauspielerisches Sich-Blähen im angeblichen »Genusse der Cultur« giebt jenen den Gedanken ein »es liegt nur am Gelde«, – während allerdings Etwas am Gelde liegt, aber viel mehr am Geiste.[112]

Man könnte nun freilich jene in Deutschland überhandnehmende Neigung zur »schönen Form« noch anders und tiefer ableiten: aus jener Hast, jenem athemlosen Erfassen des Augenblicks, jener Uebereile, die alle Dinge zu grün vom Zweige bricht, aus jenem Rennen und Jagen, das den Menschen jetzt Furchen in's Gesicht gräbt und alles, was sie thun, gleichsam tätowirt. Als ob ein Trank in ihnen wirkte, der sie nicht mehr ruhig athmen liesse, stürmen sie fort in unanständiger Sorglichkeit, als die geplagten Sklaven der drei M, des Moments, der Meinungen und der Moden: so dass freilich der Mangel an Würde und Schicklichkeit allzu peinlich in die Augen springt und nun wieder eine lügnerische Eleganz nöthig wird, mit welcher die Krankheit der würdelosen Hast maskirt werden soll. Denn so hängt die modische Gier nach der schönen Form mit dem hässlichen Inhalt des jetzigen Menschen zusammen: jene soll verstecken, dieser soll versteckt werden. Gebildetsein heisst nun: sich nicht merken lassen, wie elend und schlecht man ist, wie raubthierhaft im Streben, wie unersättlich im Sammeln, wie eigensüchtig und schamlos im Geniessen.[113]

JE SCHNELLER der Umschwung der Meinungen erfolgt, um so schneller läuft die Welt, die Chronik verwandelt sich in das Journal, und zuletzt stellt der Telegraph fest, worin in Stunden sich die Meinungen der Menschen verändert haben.[114]

SEIT EINEM JAHRHUNDERT sind wir auf lauter fundamentale Erschütterungen vorbereitet; und wenn neuerdings versucht wird, diesem tiefsten modernen Hange, einzustürzen oder zu explodiren, die constitutive Kraft des sogenannten nationalen Staates entgegenzustellen, so ist doch für lange Zeiten hinaus auch er nur eine Vermehrung der allgemeinen Unsicherheit und Bedrohlichkeit. Dass die Einzelnen sich so gebärden, als ob sie von allen diesen Besorgnissen nichts wüssten, macht uns nicht irre: ihre Unruhe zeigt es, wie gut sie davon wissen; sie denken mit einer Hast und Ausschliesslichkeit an sich, wie noch nie Menschen an sich gedacht haben, sie bauen und pflanzen für ihren Tag, und die Jagd nach Glück wird nie grösser sein als wenn es zwischen heute und morgen erhascht werden muss: weil übermorgen vielleicht überhaupt alle Jagdzeit zu Ende ist. Wir leben die Periode der Atome, des atomistischen Chaos.[115]

Das Wichtigste an der Weisheit ist, dass sie den Menschen abhält, vom Augenblick beherrscht zu werden. Sie ist deshalb nicht zeitungsgemäss.[116]

* * *

Schopenhauer spricht einmal den Satz aus, dass man allemal wohl thut, hinter seiner Zeit zurückzubleiben, wenn man sieht, dass sie selbst im Zurückschreiten begriffen ist.[117]

* * *

Musse und Müssiggang. – Es ist eine indianerhafte, dem Indianer-Bluthe eigenthümliche Wildheit in der Art, wie die Amerikaner nach Gold trachten: und ihre athemlose Hast der Arbeit – das eigentliche Laster der neuen Welt – beginnt bereits durch Ansteckung das alte Europa wild zu machen und eine ganz wunderliche Geistlosigkeit darüber zu breiten. Man schämt sich jetzt schon der Ruhe; das lange Nachsinnen macht beinahe Gewissensbisse. Man denkt mit der Uhr in der Hand, wie man zu Mittag isst, das Auge auf das Börsenblatt gerichtet, – man lebt, wie Einer, der fortwährend Etwas »versäumen könnte«. »Lieber irgend Etwas thun, als Nichts« – auch dieser Grundsatz ist eine Schnur, um aller Bildung und allem höheren Geschmack den Garaus zu machen. Und so wie sichtlich alle Formen an dieser Hast der Arbeitenden zu Grunde gehen: so geht auch das Gefühl für die Form selber, das Ohr und Auge für die Melodie der Bewegungen zu Grunde. (…) Man hat keine Zeit und keine Kraft mehr für die Ceremonien, für die Verbindlichkeit mit Umwegen, für allen Esprit der Unterhaltung und überhaupt für alles Otium. Denn das Leben auf der Jagd nach Gewinn zwingt fortwährend dazu, seinen Geist bis zur Erschöpfung auszugeben, im beständigen Sich-Verstellen oder Ueberlisten oder Zuvorkommen: die eigentliche Tugend ist jetzt, Etwas in weniger Zeit zu thun, als ein Anderer. Und so giebt es nur selten Stunden der erlaubten Redlichkeit: in diesen aber ist man müde und möchte sich nicht nur »gehen lassen«, sondern lang und breit und plump sich hinstrecken. (…)

Die Arbeit bekommt immer mehr alles gute Gewissen auf ihre Seite: der Hang zur Freude nennt sich bereits »Bedürfniss der Erholung« und fängt an, sich vor sich selber zu schämen. »Man ist es seiner Gesundheit schuldig« – so redet man, wenn man auf einer Landpartie ertappt wird. Ja, es könnte bald so weit kommen, dass man einem Hange zur vita contemplativa (das heisst zum Spazierengehen mit Gedanken und Freunden) nicht ohne Selbstverachtung und schlechtes Gewissen nachgäbe.[118]

* * *

Die Kunst in der Zeit der Arbeit. – Wir haben das Gewissen eines arbeitsamen Zeitalters: diess erlaubt uns nicht, die besten Stunden und Vormittage der Kunst zu geben, und wenn diese Kunst selber die grösste und würdigste wäre. Sie gilt uns als Sache der Musse, der Erholung: wir weihen ihr die Reste unserer Zeit, unserer Kräfte.[119]

* * *

Fortbestehen der Kunst. – Wodurch besteht jetzt im Grunde eine Kunst der Kunstwerke fort? Dadurch dass die Meisten, welche Musse-Stunden haben, – und nur für Diese giebt es ja eine solche Kunst – nicht glauben ohne Musik, Theater- und Gallerien-Besuch, ohne Roman- und Gedichte-Lesen mit ihrer Zeit fertig zu werden. Gesetzt, man könnte sie von dieser Befriedigung abhalten, so würden sie entweder nicht so eifrig nach Musse streben, und der neiderregende Anblick der Reichen würde seltener – ein grosser Gewinn für den Bestand der Gesellschaft; oder sie hätten Musse, lernten aber nachdenken – was man lernen und verlernen kann – über ihre Arbeit zum Beispiel, ihre Verbindungen, über Freuden, die sie erweisen könnten; alle Welt, mit Ausnahme der Künstler, hätte in beiden Fällen den Vortheil davon.[120]

* * *

Und die Kunst des Tages? Sie soll gerade die moderne Art zu leben, rechtfertigen, als Abbild ihrer hastigen und überreizten Verweltlichung, als ein immer bereites Zerstreuungs- und Auseinanderstreuungsmittel, unerschöpflich in der Abwechslung des Reizenden und Prickelnden, gleichsam der Gewürzladen des ganzen Occidents und Orients, für jeden Geschmack eingerichtet, ob ihm nun nach Wohl-

oder Übelriechendem, nach Sublimirtem oder Bäurisch-Grobem, nach Griechischem oder Chinesischem, nach Trauerspielen oder dramatisirten Zoten gelüstet.[121]

* * *

So laufen wir Modernen durch die Kunstkammern, so hören wir Concerte. Man fühlt wohl, das klingt anders als jenes, das wirkt anders als jenes: dies Gefühl der Befremdung immer mehr zu verlieren, über nichts mehr übermässig zu erstaunen, endlich alles sich gefallen lassen – das nennt man dann wohl den historischen Sinn, die historische Bildung. Ohne Beschönigung des Ausdrucks gesprochen: die Masse des Einströmenden ist so gross, das Befremdende, Barbarische und Gewaltsame dringt so übermächtig, »zu scheusslichen Klumpen geballt«, auf die jugendliche Seele ein, dass sie sich nur mit einem vorsätzlichen Stumpfsinn zu retten weiss. Wo ein feineres und stärkeres Bewusstsein zu Grunde lag, stellt sich wohl auch eine andere Empfindung ein: Ekel.[122]

* * *

Klagelied. – (...) Eingestehen muss man es sich, dass (...) Arbeit und Fleiss – sonst im Gefolge der grossen Göttin Gesundheit – mitunter wie eine Krankheit zu wüthen scheinen. Weil Zeit zum Denken und Ruhe im Denken fehlt, so erwägt man abweichende Ansichten nicht mehr: man begnügt sich, sie zu hassen. Bei der ungeheuren Beschleunigung des Lebens wird Geist und Auge an ein halbes oder falsches Sehen und Urtheilen gewöhnt, und Jedermann gleicht den Reisenden, welche Land und Volk von der Eisenbahn aus kennen lernen. Selbständige und vorsichtige Haltung der Erkenntniss schätzt man beinahe als eine Art Verrücktheit ab, der Freigeist ist in Verruf gebracht, namentlich durch Gelehrte, welche an seiner Kunst, die Dinge zu betrachten, ihre Gründlichkeit und ihren Ameisenfleiss vermissen und ihn gern in einen einzelnen Winkel der Wissenschaft bannen möchten.[123]

ARCHITEKTUR der Erkennenden. – Es bedarf einmal und wahrscheinlich bald einmal der Einsicht, was vor Allem unseren grossen Städten fehlt: stille und weite, weitgedehnte Orte zum Nachdenken, Orte mit hochräumigen langen Hallengängen für schlechtes oder allzu sonniges Wetter, wohin kein Geräusch der Wagen und der Ausrufer dringt und wo ein feinerer Anstand selbst dem Priester das laute Beten untersagen würde: Bauwerke und Anlagen, welche als Ganzes die Erhabenheit des Sich-Besinnens und Bei-Seitegehens ausdrücken. (...)

Wir wollen uns in Stein und Pflanze übersetzt haben, wir wollen in uns spazieren gehen, wenn wir in diesen Hallen und Gärten wandeln.[124]

* * *

DAS STILLE-WERDEN vor dem Schönen ist ein tiefes **Erwarten**, ein Hören-wollen auf die feinsten, fernsten Töne – wir benehmen uns einem Menschen ähnlich, der ganz Ohr und Auge wird: die Schönheit hat uns etwas zu sagen, **deshalb** werden wir **stille** und denken an nichts, an was wir sonst denken. Die Stille, jenes Beschauliche, Geduldige ist also eine **Vorbereitung, nicht mehr**! So steht es mit aller Contemplation: –

Aber die Ruhe darin, das Wohlgefühl, die Freiheit von Spannung? Offenbar findet ein sehr **gleichmäßiges** Ausströmen von unserer Kraft dabei statt: wir passen uns dabei gleichsam den hohen Säulengängen an, in denen wir gehen, und geben unsrer Seele solche Bewegungen, welche durch Ruhe und Anmuth Nachahmungen dessen sind, was wir sehen. So wie uns eine edle Gesellschaft Inspiration zu edlen Gebärden giebt.[125]

* * *

ZU GUNSTEN der Müssigen. (...) Wenn Müssiggang wirklich der Anfang aller Laster ist, so befindet er sich also wenigstens in der nächsten Nähe aller Tugenden; der müssige Mensch ist immer noch ein besserer Mensch als der thätige. – Ihr meint doch nicht, dass ich mit Musse und Müssiggehen auf euch ziele, ihr Faulthiere?[126]

Die erfinderischen Menschen leben ganz anders als die Thätigen; sie brauchen Zeit, damit sich die zwecklose ungereregelte Thätigkeit einstellt, Versuche, neue Bahnen, sie tasten mehr als daß sie nur die bekannten Wege gehen, wie die nützlich-Thätigen.[127]

* * *

Arbeit und Langeweile. – Sich Arbeit suchen um des Lohnes willen – darin sind sich in den Ländern der Civilisation jetzt fast alle Menschen gleich; ihnen allen ist Arbeit ein Mittel, und nicht selber das Ziel; wesshalb sie in der Wahl der Arbeit wenig fein sind, vorausgesetzt, dass sie einen reichlichen Gewinn abwirft. Nun giebt es seltenere Menschen, welche lieber zu Grunde gehen wollen, als ohne Lust an der Arbeit arbeiten: jene Wählerischen, schwer zu Befriedigenden, denen mit einem reichlichen Gewinn nicht gedient wird, wenn die Arbeit nicht selber der Gewinn aller Gewinne ist. Zu dieser seltenen Gattung von Menschen gehören die Künstler und Contemplativen aller Art, aber auch schon jene Müssiggänger, die ihr Leben auf der Jagd, auf Reisen oder in Liebeshändeln und Abenteuern zubringen. Alle diese wollen Arbeit und Noth, sofern sie mit Lust verbunden ist, und die schwerste, härteste Arbeit, wenn es sein muss. Sonst aber sind sie von einer entschlossenen Trägheit, sei es selbst, dass Verarmung, Unehre, Gefahr der Gesundheit und des Lebens an diese Trägheit geknüpft sein sollte. Sie fürchten die Langeweile nicht so sehr, als die Arbeit ohne Lust: ja, sie haben viel Langeweile nöthig, wenn ihnen ihre Arbeit gelingen soll. Für den Denker und für alle erfindsamen Geister ist Langeweile jene unangenehme »Windstille« der Seele, welche der glücklichen Fahrt und den lustigen Winden vorangeht; er muss sie ertragen, muss ihre Wirkung bei sich abwarten: – das gerade ist es, was die geringeren Naturen durchaus nicht von sich erlangen können! Langeweile auf jede Weise von sich scheuchen ist gemein: wie arbeiten ohne Lust gemein ist.[128]

* * *

Ohne Melodie. – Es giebt Menschen, denen ein stätiges Beruhen in sich selbst und ein harmonisches Sich-zurecht-legen aller ihrer Fähigkeiten so zu eigen ist, dass ihnen jede zielesetzende Thätigkeit widerstrebt. Sie gleichen einer Musik, welche aus lauter langgezogenen harmonischen Accorden besteht, ohne dass je auch nur der Ansatz zu einer gegliederten bewegten Melodie sich zeigte. Alle Bewegung von Aussen her dient nur, dem Kahne sofort wieder sein neues Gleichgewicht auf dem See harmonischen Wohlklangs zu geben. Moderne Menschen werden gewöhnlich auf's Aeusserste ungeduldig, wenn sie solchen Naturen begegnen, aus denen Nichts wird, ohne dass man ihnen sagen dürfte, dass sie Nichts sind. Aber in einzelnen Stimmungen erregt ihr Anblick jene ungewöhnliche Frage: wozu überhaupt Melodie? Warum genügt es uns nicht, wenn das Leben sich ruhevoll in einem tiefen See spiegelt? Das Mittelalter war reicher an solchen Naturen als unsere Zeit. Wie selten trifft man noch auf einen, der so recht friedlich und froh mit sich auch im Gedränge fortleben kann, zu sich redend wie Goethe: »das Beste ist die tiefe Stille, in der ich gegen die Welt lebe und wachse, und gewinne, was sie mir mit Feuer und Schwert nicht nehmen können.«[129]

* * *

Tiefe und Langweiligkeit. – Bei tiefen Menschen wie bei tiefen Brunnen dauert es lange bis Etwas, das in sie fällt, ihren Grund erreicht. Die Zuschauer, welche gewöhnlich nicht lange genug warten, halten solche Menschen leicht für unbeweglich und hart – oder auch für langweilig.[130]

* * *

Der Einsame spricht. – Man erntet als Lohn für vielen Ueberdruss, Missmuth, Langeweile – wie diess alles eine Einsamkeit ohne Freunde, Bücher, Pflichten, Leidenschaften mit sich bringen muss – jene Viertelstunden tiefster Einkehr in sich und die Natur. Wer sich völlig gegen die Langeweile verschanzt, verschanzt sich auch gegen sich selber: den kräftigsten Labetrunk aus dem eigenen innersten Born wird er nie zu trinken bekommen.[131]

* * *

Nicht entsagen! – Auf die Welt verzichten, ohne sie zu kennen, gleich einer Nonne, – das giebt eine unfruchtbare, vielleicht schwermüthige Einsamkeit. Diess hat Nichts gemeinsam mit der Einsamkeit der vita contemplativa des Denkers: wenn er s i e wählt, will er keineswegs entsagen; vielmehr wäre es ihm Entsagung, Schwermuth, Untergang seiner selbst, in der vita practica ausharren zu müssen: auf diese verzichtet er, weil er sie kennt, weil er sich kennt. So springt er in s e i n Wasser, so gewinnt er s e i n e Heiterkeit.[132]

Eine Art von Ruhe und Beschaulichkeit. – Hüte dich, dass deine Ruhe und Beschaulichkeit nicht der des Hundes vor einem Fleischerladen gleicht, den die Furcht nicht vorwärts und die Begierde nicht rückwärts gehen lässt: und der die Augen aufsperrt, als ob sie Münder wären.[133]

# 6.

# »Lieber frei mit schmaler Kost, als unfrei und gestopft« – Zur Frage der Ernährung

*Die Beschleunigung der Lebensrhythmen in der modernen Welt erzeugt in vielen Menschen eine wachsende Unfähigkeit, Erlebnisse und Eindrücke in Ruhe auf sich wirken zu lassen. Eine permanente Reizüberflutung stumpft ab und hinterläßt zugleich einen Heißhunger nach immer neuen und stärkeren Reizen. Dies gilt nicht zuletzt auch für den Bereich der Ernährung.*

*Zur Kritik an den maßlosen Eß- und Trinkgewohnheiten seiner Zeitgenossen, vor allem seiner Landsleute, bedient sich Nietzsche oft der Antike als Gegenmodell. Der Philosoph bewundert an den Griechen ihre Enthaltsamkeit und Nüchternheit bei gleichzeitiger Genußfähigkeit, etwas, das uns Modernen immer mehr abhanden zu kommen droht. Vor allem ihre Bestimmung von Weisheit als einer vom individuellen Geschmack gelenkten Urteilsfähigkeit ist für sein Verständnis einer philosophischen Gesundheitslehre von zentraler Bedeutung. Der reife Mensch ist derjenige, der sich – in körperlicher wie geistiger Hinsicht – nie »unpersönlich« ernährt, sondern dem eigenen Geschmack folgend das zu wählen weiß, was ihm bekommt, was Körper und Geist kräftigt. So wie die Griechen den Weisen, den »sophos«, als den »Wählenden, mit Geschmack Ausscheidenden« bezeichneten, so begreift Nietzsche seine Philosophie als Selbstbestimmung einer »persönlichen Diät in Allem«.*

Die »Modernität« unter dem Gleichniß von Ernährung und Verdauung.

Die Sensibilität unsäglich reizbarer ( – unter moralistischem Aufputz als die Vermehrung des Mitleids – ) die Fülle disparater Eindrücke größer als je: – der Kosmopolitism der Speisen, der Litteraturen, Zeitungen, Formen, Geschmäcker, selbst Landschaften usw. das tempo dieser Einströmung ein prestissimo; die Eindrücke wischen sich aus; man wehrt sich instinktiv, etwas hereinzunehmen, tief zu nehmen, etwas zu »verdauen«

– Schwächung der Verdauungs-Kraft resultirt daraus. Eine Art Anpassung an diese Überhäufung mit Eindrücken tritt ein: der Mensch verlernt zu agiren; **er reagirt nur noch** auf Erregungen von außen her.

Er giebt seine Kraft aus theils in der Aneignung, theils in der Vertheidigung, theils in der Entgegnung.

Tiefe Schwächung der Spontaneität: – der Historiker, Kritiker, Analytiker, der Interpret, der Beobachter, der Sammler, der Leser – alles reaktive Talente: alle Wissenschaft!

Künstliche Zurechtmachung seiner Natur zum »Spiegel«; interessirt, aber gleichsam bloß epidermal-interessirt; eine grundsätzliche Kühle, ein Gleichgewicht, eine festgehaltene niedere Temperatur dicht unter der dünnen Fläche, auf der es Wärme, Bewegung, »Sturm«, Wellenspiel giebt

Gegensatz der äußeren Beweglichkeit zu einer gewissen tiefen Schwere und Müdigkeit.[134]

* * *

Alle welche noch nicht verlernt haben ihre Erlebnisse zu verdauen, haben auch die Faulheit des Verdauenden nicht verlernt: sie indigniren damit, in dieser Zeit der Hast und des Gedrängs.[135]

* * *

Zuviel und zuwenig. – Die Menschen durchleben jetzt alle zu viel und durchdenken zu wenig: sie haben Heisshunger und Kolik zugleich und werden desshalb immer magerer, soviel sie auch essen. – Wer jetzt sagt: »ich habe Nichts erlebt« – ist ein Dummkopf.[136]

Gegen die schlechte Diät. – Pfui über die Mahlzeiten, welche jetzt die Menschen machen, in den Gasthäusern sowohl als überall, wo die wohlbestellte Classe der Gesellschaft lebt! Selbst wenn hochansehnliche Gelehrte zusammenkommen, ist es die selbe Sitte, welche ihren Tisch wie den des Banquiers füllt: nach dem Gesetz des »Viel zu viel« und des »Vielerlei«, – woraus folgt, dass die Speisen auf den Effect und nicht auf die Wirkung hin zubereitet werden, und aufregende Getränke helfen müssen, die Schwere im Magen und Gehirn zu vertreiben. Pfui, welche Wüstheit und Überempfindsamkeit muss die allgemeine Folge sein! Pfui, welche Träume müssen ihnen kommen! Pfui, welche Künste und Bücher werden der Nachtisch solcher Mahlzeiten sein! (...) Zuletzt, um das Lustige an der Sache und nicht nur deren Ekelhaftes zu sagen, sind diese Menschen keineswegs Schlemmer; unser Jahrhundert und seine Art Geschäftigkeit ist mächtiger über ihre Glieder, als ihr Bauch: was wollen also diese Mahlzeiten? – Sie repräsentiren! Was, in aller Heiligen Namen? Den Stand? – Nein, das Geld: man hat keinen Stand mehr! Man ist »Individuum«! Aber Geld ist Macht, Ruhm, Würde, Vorrang, Einfluss; Geld macht jetzt das grosse oder kleine moralische Vorurtheil für einen Menschen, je nachdem er davon hat! Niemand will es unter den Scheffel, Niemand möchte es auf den Tisch stellen; folglich muss das Geld einen Repräsentanten haben, den man auf den Tisch stellen kann: siehe unsere Mahlzeiten![137]

Ganz anders interessirt mich eine Frage, an der mehr das »Heil der Menschheit« hängt, als an irgend einer Theologen-Curiosität: die Frage der Ernährung. Man kann sie sich, zum Handgebrauch, so formuliren: »wie hast gerade du dich zu ernähren, um zu deinem Maximum von Kraft, (...) von moralinfreier Tugend zu kommen?« – Meine Erfahrungen sind hier so schlimm als möglich; ich bin erstaunt, diese Frage so spät gehört, aus diesen Erfahrungen so spät »Vernunft« gelernt zu haben. (...) – In der That, ich habe bis zu meinen reifsten Jahren immer nur schlecht gegessen, – moralisch ausgedrückt »unpersönlich«, »selbstlos«, »altruistisch« (...) Aber die deutsche Küche überhaupt – was hat sie nicht Alles auf dem Gewissen! Die Suppe vor der Mahlzeit (noch in Venetianischen Kochbüchern des 16. Jahrhunderts alla tedesca genannt); die ausgekochten Fleische, die fett und mehlig gemachten Gemüse; die Entartung der Mehlspeise zum Briefbeschwerer! Rechnet man gar noch die geradezu viehischen Nachguss-Bedürfnisse der alten, durchaus nicht bloss alten Deutschen dazu, so versteht man auch die Herkunft des deutschen Geistes – aus betrübten Eingeweiden ... Der deutsche Geist ist eine Indigestion, er wird mit Nichts fertig. – Aber auch die englische Diät, die, im Vergleich mit der deutschen, selbst der französischen, eine Art »Rückkehr zur Natur«, nämlich zum Canibalismus ist, geht meinem eignen Instinkt tief zuwider; es scheint mir, dass sie dem Geist schwere Füsse giebt – Engländerinnen-Füsse ... Die beste Küche ist die Piemont's. – Alkoholika sind mir nachtheilig; ein Glas Wein oder Bier des Tags reicht vollkommen aus, mir aus dem Leben ein »Jammerthal« zu machen, – in München leben meine Antipoden. (...) gegen die Mitte des Lebens hin, entschied ich mich (...) immer strenger gegen jedwedes »geistige« Getränk: ich (...), weiss nicht ernsthaft genug die unbedingte Enthaltung von Alcoholicis allen geistigeren Naturen anzurathen. Wasser thut's ... Ich ziehe Orte vor, wo man überall Gelegenheit hat, aus fliessenden Brunnen zu schöpfen (Nizza, Turin, Sils); ein kleines Glas läuft mir nach wie ein Hund. In vino veritas: es scheint, dass ich auch hier wieder über den Begriff »Wahrheit« mit aller Welt uneins bin: – bei mir schwebt der Geist über dem Wasser ... (...) [Es] sind jene langwierigen Mahlzeiten zu widerrathen, die ich unterbrochne Opferfeste nenne, die an der table d'hôte. – Keine Zwischenmahlzeiten, keinen Café: Café verdüstert. Thee nur morgens zuträglich. Wenig, aber energisch; Thee sehr nachtheilig und den ganzen Tag ankränkelnd, wenn er nur um einen Grad zu schwach ist. Jeder hat hier sein Maass, oft zwischen den engsten und delikatesten Grenzen.[138]

Ich glaube dass die Vegetarianer, mit ihrer Vorschrift, weniger und einfacher zu essen, mehr genützt haben als alle neueren Moralsysteme zusammen genommen: auf etwas Übertreibung kommt nichts dabei an.[139]

Die Pessimisten als Opfer. – Wo eine tiefe Unlust am Dasein überhand nimmt, kommen die Nachwirkungen eines grossen Diätfehlers, dessen sich ein Volk lange schuldig gemacht hat, an's Licht. (…) Vielleicht ist die europäische Unzufriedenheit der neuen Zeit daraufhin anzusehen, dass unsere Vorwelt, das ganze Mittelalter, Dank den Einwirkungen der germanischen Neigungen auf Europa, dem Trunk ergeben war: Mittelalter, das heisst die Alkoholvergiftung Europa's.[140]

* * *

Sophokleismus. – Wer hat mehr Wasser in den Wein gegossen als die Griechen! Nüchternheit und Grazie verbunden – das war das Adels-Vorrecht des Atheners zur Zeit des Sophokles und nach ihm. Mache es nach, wer da kann! Im Leben und Schaffen![141]

* * *

Wie viel verdriessliche Schwere, Lahmheit, Feuchtigkeit, Schlafrock, wie viel Bier ist in der deutschen Intelligenz! Wie ist es eigentlich möglich, dass junge Männer, die den geistigsten Zielen ihr Dasein weihn, nicht den ersten Instinkt der Geistigkeit, den Selbsterhaltungs-Instinkt des Geistes in sich fühlen – und Bier trinken? … Der Alkoholismus der gelehrten Jugend ist vielleicht noch kein Fragezeichen in Absicht ihrer Gelehrsamkeit – man kann ohne Geist sogar ein grosser Gelehrter sein –, aber in jedem andren Betracht bleibt er ein Problem. – Wo fände man sie nicht, die sanfte Entartung, die das Bier im Geiste hervorbringt![142]

* * *

Durch Alcohol bringt man sich auf Stufen der Cultur zurück, die man überwunden hat. Alle Speisen haben irgend eine Offenbarung über die Vergangenheit, aus der wir wurden.[143]

* * *

Unglück der Menschheit und Grund ihres langsamen Fortschrittes ist, daß man die erhebenden und erregenden Dinge höher geschätzt hat als die nährenden.[144]

Seinem Gefühle nicht misstrauen. – Die frauenhafte Wendung, man solle seinem Gefühle nicht misstrauen, bedeutet nicht viel mehr als: man solle essen, was Einem gut schmeckt. Diess mag auch, namentlich für maassvolle Naturen, eine gute Alltagsregel sein. Andere Naturen müssen aber nach einem andern Satze leben: »du musst nicht nur mit dem Munde, sondern auch mit dem Kopfe essen, damit dich nicht die Naschhaftigkeit des Mundes zu Grunde richte.«[145]

* * *

Der Mittler-Sinn. – Der Sinn des Geschmacks, als der wahre Mittler-Sinn, hat die anderen Sinne oft zu seinen Ansichten der Dinge überredet und ihnen seine Gesetze und Gewohnheiten eingegeben. Man kann bei Tische über die feinsten Geheimnisse der Künste Aufschlüsse erhalten: man beachte, was schmeckt, wann es schmeckt, wonach und wie lange es schmeckt.[146]

* * *

Wie viel ein Geist zu seiner Ernährung nöthig hat, dafür giebt es keine Formel; ist aber sein Geschmack auf Unabhängigkeit gerichtet, auf schnelles Kommen und Gehn, auf Wanderung, auf Abenteuer vielleicht, denen nur die Geschwindesten gewachsen sind, so lebt er lieber frei mit schmaler Kost, als unfrei und gestopft. Nicht Fett, sondern die grösste Geschmeidigkeit und Kraft ist das, was ein guter Tänzer von seiner Nahrung will, – und ich wüsste nicht, was der Geist eines Philosophen mehr zu sein wünschte, als ein guter Tänzer. Der Tanz nämlich ist sein Ideal, auch seine Kunst, zuletzt auch seine einzige Frömmigkeit, sein »Gottesdienst«.[147]

* * *

Diese ganze Philosophie – ist sie mehr als ein Trieb zu beweisen, daß reife Früchte, ungesäuertes Brod, Wasser, Einsamkeit, Ordnung in allen Dingen mir am besten schmecken und am zuträglichsten sind? Also ein Instinkt nach einer richtigen Diät in Allem? Nur eine milde Sonne! Da nähere ich mich meiner Art Erhabenheit, welche keine düstere und anspruchsvolle ist, sondern ein förmliches und einsames Schwärmen eines Schmetterlings hoch an den Felsenufern eines Sees, wo viele gute

Pflanzen und Blumen wachsen? Unbekümmert darum, daß es vielleicht das Leben Eines Tages ist, und daß die Nacht zu kalt für meine geflügelte Gebrechlichkeit ist?[148]

* * *

»σοφός« heißt nicht ohne Weiteres der »Weise« in dem gewöhnl. Sinne. Etymologisch gehört es zu sapio schmecken, sapiens der Schmekkende, σαφής«, schmeckbar. Wir reden vom »Geschmack« in der Kunst: für die Griechen ist das Bild des Geschmacks noch viel weiter ausgedehnt.

(…) σοφία bezeichnet das Wählende, mit Geschmack ausscheidende: während sich die Wissenschaft ohne solchen Feingeschmack auf alles Wißbare stürzt.[149]

# 7.

# »Wir müssen wieder gute Nachbarn der nächsten Dinge werden« – Von den Reichtümern des Alltags

*So wie Nietzsche einerseits bestrebt ist, der Beschäftigung mit unseren konkreten Lebensbedingungen wie Bewegung, Ort, Klima oder Ernährung ihre philosophische Würde zurückzugeben, und dazu auffordert, Körper, Seele und Geist unter der Perspektive ihrer vielfältigen Wechselbeziehungen zu betrachten, so greift er andererseits Religion, Metaphysik und philosophischen Idealismus dafür an, daß sie den Menschen allzulange schon gelehrt haben, die alltäglichen Dinge zu mißachten, und ihn glauben machten, nur die Beschäftigung mit »Höherem«, mit dem Jenseits, mit letzten Wahrheiten sei seines Intellektes würdig.*

*Gleichwohl – so setzt Nietzsche hinzu – haben Priester, Lehrer und Philosophen es meistens nicht vermocht, die Gefühle der Menschen irrezuführen; im Grunde bleibt uns unser Alltag mit seinen kleinen Genüssen und Sorgen wichtig. Dennoch kommt es oft vor, daß wir uns abschätzig über die Alltäglichkeiten unseres Lebens äußern; aber das hat schwerwiegende Folgen: Denn das Versäumnis, ernsthaft und gründlich über so wichtige Bereiche des Lebens wie Schlafen, Essen, Wohnen, Wetter usw. nachzudenken, rächt sich. Gerade die fehlende Beobachtung und Selbstbeobachtung in bezug auf unseren Alltag, auf unsere Gewohnheiten, auf die Grundbedingungen unserer Existenz, auf die unzähligen kleinen, aber wiederholten Fehler und Nachlässigkeiten im Umgang mit unserem Körper und unserer Umwelt sind die Ursachen fast aller körperlichen und seelischen Gebrechen.*

*Hier umzulernen ist also die dringende Aufgabe, und dies nicht nur für den Denker. Jeder ist aufgefordert, das aufmerksame und neugierige Beobachten des Kleinen und Gewöhnlichen neu zu erlernen, das dem Kind eigen ist. Nur so können wir wieder »gute Nachbarn der nächsten Dinge« werden und die Freuden einer »epikureischen Üppigkeit« – im kleinen Garten, mit Feigen, Käse und guten Freunden – genießen.*

Man wird mich fragen, warum ich eigentlich alle diese kleinen und nach herkömmlichem Urtheil gleichgültigen Dinge erzählt habe; ich schade mir selbst damit, um so mehr, wenn ich grosse Aufgaben zu vertreten bestimmt sei. Antwort: diese kleinen Dinge – Ernährung, Ort, Clima, Erholung, die ganze Casuistik der Selbstsucht – sind über alle Begriffe hinaus wichtiger als Alles, was man bisher wichtig nahm. Hier gerade muss man anfangen, *umzulernen*. Das, was die Menschheit bisher ernsthaft erwogen hat, sind nicht einmal Realitäten, blosse Einbildungen, strenger geredet, *Lügen* aus den schlechten Instinkten kranker, im tiefsten Sinne schädlicher Naturen heraus – alle die Begriffe »Gott«, »Seele«, »Tugend«, »Sünde«, »Jenseits«, »Wahrheit«, »ewiges Leben« ... Aber man hat die Grösse der menschlichen Natur, ihre »Göttlichkeit« in ihnen gesucht ... Alle Fragen der Politik, der Gesellschafts-Ordnung, der Erziehung sind dadurch bis in Grund und Boden gefälscht, dass man die schädlichsten Menschen für grosse Menschen nahm, – dass man die »kleinen« Dinge, will sagen die Grundangelegenheiten des Lebens selber verachten lehrte.[150]

Alles *Andere* muss uns näher stehen, als Das, was man uns bisher als das Wichtigste vorgepredigt hat: ich meine jene Fragen: wozu der Mensch? Welches Loos hat er nach dem Tode? Wie versöhnt er sich mit Gott? und wie diese Curiosa lauten mögen. Ebensowenig, wie diese Fragen der Religiösen, gehen uns die Fragen der philosophischen Dogmatiker an, mögen sie nun Idealisten oder Materialisten oder Realisten sein. (...) – Wir müssen wieder *gute Nachbarn der nächsten Dinge* werden und nicht so verächtlich wie bisher über sie hinweg nach Wolken und Nachtunholden hinblicken.[151]

* * *

Man muss die ganze Oberfläche des Bewusstseins – Bewusstsein *ist* eine Oberfläche – rein erhalten von irgend einem der grossen Imperative. Vorsicht selbst vor jedem grossen Worte, jeder grossen Attitüde.[152]

Sprachgebrauch und Wirklichkeit. – Es giebt eine erheuchelte Missachtung aller der Dinge, welche thatsächlich die Menschen am wichtigsten nehmen, aller nächsten Dinge. Man sagt zum Beispiel »man isst nur, um zu leben«, eine verfluchte Lüge, wie jene, welche von der Kinderzeugung als der eigentlichen Absicht aller Wollust redet. Umgekehrt ist die Hochschätzung der »wichtigsten Dinge« fast niemals ganz ächt: die Priester und Metaphysiker haben uns zwar auf diesen Gebieten durchaus an einen heuchlerisch übertreibenden Sprachgebrauch gewöhnt, aber das Gefühl doch nicht umgestimmt, welches diese wichtigsten Dinge nicht so wichtig nimmt, wie jene verachteten nächsten Dinge. – Eine leidige Folge dieser doppelten Heuchelei aber ist immerhin, dass man die nächsten Dinge, zum Beispiel Essen, Wohnen, Sich-Kleiden, Verkehren, nicht zum Object des stätigen unbefangenen und allgemeinen Nachdenkens und Umbildens macht, sondern, weil diess für herabwürdigend gilt, seinen intellectuellen und künstlerischen Ernst davon abwendet; so dass hier die Gewohnheit und die Frivolität über die Unbedachtsamen, namentlich über die unerfahrene Jugend leichten Sieg haben: während andererseits unsere fortwährenden Verstösse gegen die einfachsten Gesetze des Körpers und Geistes uns Alle, jüngere und Aeltere, in eine beschämende Abhängigkeit und Unfreiheit bringen, – ich meine in jene im Grunde überflüssige Abhängigkeit von Aerzten, Lehrern und Seelsorgern, deren Druck jetzt immer noch auf der ganzen Gesellschaft liegt.[153]

Die irdische Gebrechlichkeit und ihre Hauptursache. – Man trifft, wenn man sich umsieht, immer auf Menschen, welche ihr Lebenlang Eier gegessen haben, ohne zu bemerken, dass die länglichten die wohlschmeckendsten sind, welche nicht wissen, dass ein Gewitter dem Unterleib förderlich ist, dass Wohlgerüche in kalter klarer Luft am stärksten riechen, dass unser Geschmackssinn an verschiedenen Stellen des Mundes ungleich ist, dass jede Mahlzeit, bei der man gut spricht oder gut hört, dem Magen Nachtheil bringt. Man mag mit diesen Beispielen für den Mangel an Beobachtungssinn nicht zufrieden sein, um so mehr möge man zugestehen, dass die allernächsten Dinge von den Meisten sehr schlecht gesehen, sehr selten beachtet werden. Und ist diess gleichgültig? – Man erwäge doch, dass aus diesem Mangel sich fast alle leiblichen und seelischen Gebrechen der Einzelnen ableiten: nicht zu wissen, was uns förderlich, was uns schädlich ist, in der Einrichtung der Lebensweise, Vertheilung des Tages, Zeit und Auswahl des Verkehres, in Beruf und Musse, Befehlen und Gehorchen, Natur- und Kunstempfinden, Essen, Schlafen und Nachdenken; im Kleinsten und Alltäglichsten unwissend zu sein und keine scharfen Augen zu haben – das ist es, was die Erde für so Viele zu einer »Wiese des Unheils« macht. Man sage nicht, es liege hier wie überall an der menschlichen Unvernunft: vielmehr – Vernunft genug und übergenug ist da, aber sie wird falsch gerichtet und künstlich von jenen kleinen und allernächsten Dingen abgelenkt. Priester und Lehrer, und die sublime Herrschsucht der Idealisten jeder Art, der gröberen und feineren, reden schon dem Kinde ein, es komme auf etwas ganz Anderes an: auf das Heil der Seele, den Staatsdienst, die Förderung der Wissenschaft, oder auf Ansehen und Besitz, als die Mittel, der ganzen Menschheit Dienste zu erweisen, während das Bedürfniss des Einzelnen (…) seine grosse und kleine Noth innerhalb der vierundzwanzig Tagesstunden etwas Verächtliches oder Gleichgültiges sei.[154]

Ursprung und Bedeutung. – Warum kommt mir dieser Gedanke immer wieder und leuchtet mir in immer bunteren Farben? – dass ehemals die Forscher, wenn sie auf dem Wege zum Ursprung der Dinge waren, immer Etwas von dem zu finden meinten, was von unschätzbarer Bedeutung für alles Handeln und Urtheilen sei, ja, dass man stets voraussetzte, von der Einsicht in den Ursprung der Dinge müsse des Menschen Heil abhängen: dass wir jetzt hingegen, je weiter wir dem Ursprunge nachgehen, um so weniger mit unseren Interessen betheiligt sind; ja, dass alle unsere Werthschätzungen und »Interessirtheiten«, die wir in die Dinge gelegt haben, anfangen ihren Sinn zu verlieren, je mehr wir mit unserer Erkenntniss zurück und an die Dinge selbst heran gelangen. Mit der Einsicht in den Ursprung nimmt die Bedeutungslosigkeit des Ursprungs zu: während das Nächste, das Um-uns und In-uns allmählich Farben und Schönheiten und Räthsel und Reichthümer von Bedeutung aufzuzeigen beginnt, von denen sich die ältere Menschheit nichts träumen liess.[155]

SICH GENÜGEN LASSEN. – Die erlangte Reife des Verstandes bekundet sich darin, dass man dorthin, wo seltene Blumen unter den spitzigsten Dornenhecken der Erkenntniss stehen, nicht mehr geht und sich an Garten, Wald, Wiese und Ackerfeld genügen lässt, in Anbetracht wie das Leben für das Seltene und Aussergewöhnliche zu kurz ist.[156]

* * *

KLEIN SEIN KÖNNEN. – Man muss den Blumen, Gräsern und Schmetterlingen auch noch so nahe sein wie ein Kind, das nicht viel über sie hinwegreicht. Wir Aelteren dagegen sind über sie hinausgewachsen und müssen uns zu ihnen herablassen (...) – Wer an allem Guten Theil haben will, muss auch zu Stunden klein zu sein verstehen.[157]

* * *

LEBEN UND ERLEBEN. – Sieht man zu, wie Einzelne mit ihren Erlebnissen – ihren unbedeutenden alltäglichen Erlebnissen – umzugehen wissen, so dass diese zu einem Ackerland werden, das dreimal des Jahres Frucht trägt; während Andere – und wie Viele! – durch den Wogenschlag der aufregendsten Schicksale, der mannigfaltigsten Zeit- und Volksströmungen hindurchgetrieben werden und doch immer leicht, immer obenauf, wie Kork, bleiben: so ist man endlich versucht, die Menschheit in eine Minorität (Minimalität) Solcher einzutheilen, welche aus Wenigem Viel zu machen verstehen: und in eine Majorität Derer, welche aus Vielem Wenig zu machen verstehen; ja man trifft auf jene umgekehrten Hexenmeister, welche, anstatt die Welt aus Nichts, aus der Welt ein Nichts schaffen.[158]

* * *

DER PHILOSOPH der Ueppigkeit. – Ein Gärtchen, Feigen, kleine Käse und dazu drei oder vier gute Freunde, – das war die Ueppigkeit Epikur's.[159]

Der Künstler betont das Alltägliche und das **Fortwährende** der Bildung. Das Ziel kann nicht hoch genug, die Mittel nicht einfach genug sein: Sprechen Gehen Sehen.[160]

* * *

Ein Schritt weiter in der Genesung: und der freie Geist nähert sich wieder dem Leben, langsam freilich, fast widerspänstig, fast misstrauisch. Es wird wieder wärmer um ihn, gelber gleichsam; Gefühl und Mitgefühl bekommen Tiefe, Thauwinde aller Art gehen über ihn weg. Fast ist ihm zu Muthe, als ob ihm jetzt erst die Augen für das Nahe aufgiengen. Er ist verwundert und sitzt stille: wo war er doch? Diese nahen und nächsten Dinge: wie scheinen sie ihm verwandelt! welchen Flaum und Zauber haben sie inzwischen bekommen! Er blickt dankbar zurück, – dankbar seiner Wanderschaft, seiner Härte und Selbstentfremdung, seinen Fernblicken und Vogelflügen in kalte Höhen. Wie gut, dass er nicht wie ein zärtlicher dumpfer Eckensteher immer »zu Hause«, immer »bei sich« geblieben ist! er war ausser sich: es ist kein Zweifel. Jetzt erst sieht er sich selbst –, und welche Ueberraschungen findet er dabei! Welche unerprobten Schauder! Welches Glück noch in der Müdigkeit, der alten Krankheit, den Rückfällen des Genesenden! Wie es ihm gefällt, leidend stillzusitzen, Geduld zu spinnen, in der Sonne zu liegen! Wer versteht sich gleich ihm auf das Glück im Winter, auf die Sonnenflecke an der Mauer! Es sind die dankbarsten Thiere von der Welt, auch die bescheidensten, diese dem Leben wieder halb zugewendeten Genesenden und Eidechsen: – es giebt solche unter ihnen, die keinen Tag von sich lassen, ohne ihm ein kleines Loblied an den nachschleppenden Saum zu hängen.[161]

# 8.

# »Das – ist nun mein Weg, – wo ist der eure?« – Den eigenen Weg suchen

*Das Projekt einer Philosophie als »persönlicher Diät in Allem« setzt die Bestimmung der eigenen Individualität voraus, Nietzsche zufolge die höchste Aufgabe jedes Einzelnen. Diese Bestimmung kann jedoch nicht nur analytisch vollzogen werden – so als fänden wir, was uns eigentümlich ist, schon in uns vor und müßten es nur erkennen. Nietzsche begreift die Aneignung unserer Eigentümlichkeit als schöpferischen Akt fortgesetzter Selbstformung. Dieser erfordert viel Mut und Widerstandskraft, weil er sich gegen eine Vielzahl von Anpassungszwängen zu behaupten hat, die jedem Menschen sofort spürbar werden, sobald er versucht, sein Dasein selbst zu verantworten.*

*Allzuviele aber erliegen ihrer Faulheit oder Feigheit. Sie verzichten schließlich darauf, anerzogene Lebensmuster und Wertvorstellungen zu hinterfragen, verstecken sich hinter einer gesellschaftlichen Rolle, z. B. hinter einem Beruf – hinter Masken, die dann mit der Zeit zum eigenen Gesicht, zur eigenen Natur werden.*

*Der Mensch neigt dazu, den Ansprüchen auszuweichen, die an ihn gestellt werden, sobald er es einmal versuchen wollte, Egoist zu sein. Für Nietzsche bezeichnet dieses Wort einen Menschen, der sein Ego zu ergründen oder besser herauszubilden entschlossen ist, der sich der Verantwortung stellt, die im Wissen begründet liegt, als ein unwiederholbares und deshalb kostbares Unikum auf der Welt zu sein. Unermüdlich prüft er die Bedingungen seines bisherigen Lebens daraufhin, ob sie selbstgewollt oder fremdbestimmt sind, besinnt sich auf seine echten Bedürfnisse und läßt sich in seinem Handeln von ihnen leiten.*

*Die Mühen dieses Weges sind zahlreich: Nicht nur, daß man ihn ohne Wegweiser gehen muß, daß er zudem den Widerstand all derer provoziert, die selbst nicht genug Mut oder Kraft für ihren eigenen Weg gefunden haben. Es ist auch ein Weg in Einsamkeit, und wer ihre Früchte genießen will, muß lange warten können.*

»Das – ist nun mein Weg, – wo ist der eure?«

WOZU DIE »WELT« da ist, wozu die »Menschheit« da ist, soll uns einstweilen gar nicht kümmern, es sei denn, dass wir uns einen Scherz machen wollen: denn die Vermessenheit des kleinen Menschengewürms ist nun einmal das Scherzhafteste und Heiterste auf der Erdenbühne; aber wozu du Einzelner da bist, das frage dich, und wenn es dir Keiner sagen kann, so versuche es nur einmal, den Sinn deines Daseins gleichsam a posteriori zu rechtfertigen, dadurch dass du dir selber einen Zweck, ein Ziel, ein »Dazu« vorsetzest, ein hohes und edles »Dazu«.[162]

* * *

ÜBRIGENS wäre alles ganz schön, wenn es nur nicht so absurd wäre, von »Weltgeschichte« zu reden: gesetzt es gäbe einen Weltzweck, so wäre es unmöglich ihn zu wissen, weil wir Erdflöhe und nicht Weltregierer sind. Jede Vergötterung der abgezogenen Allgemeinbegriffe, Staat, Volk, Menschheit, Weltprozess hat den Nachtheil, die Bürde des Individuums kleiner zu machen und seine Verantwortung zu erleichtern. Wenn es auf Staat ankommt, dann liegt wenig am Einzelnen: wie jeder Krieg zeigt. In's Moralische gewendet: wer dem Menschen den Glauben *nimmt*, dass er etwas Fundamental-Werthvolleres sei als alle die Mittel zu seiner Existenz, der macht ihn schlechter. Die Abstracta sind seine Erzeugnisse, seine Mittel zur Existenz – nichts mehr, nicht seine Herren.[163]

* * *

IN MANCHER HINSICHT sucht sich auch der Asket das Leben leicht zu machen, und zwar gewöhnlich durch die vollkommene Unterordnung unter einen fremden Willen oder unter ein umfängliches Gesetz und Ritual (...) Diese Unterordnung ist ein mächtiges Mittel, um über sich Herr zu werden; man ist beschäftigt, also ohne Langeweile, und hat doch keine Anregung des Eigenwillens und der Leidenschaft dabei; nach vollbrachter That fehlt das Gefühl der Verantwortung und damit die Qual der Reue. Man hat ein für alle Mal auf eigenen Willen verzichtet, und diess ist leichter, als nur gelegentlich einmal zu verzichten; sowie es auch leichter ist, einer Begierde ganz zu entsagen, als in ihr Maass zu halten. Wenn wir uns der jetzigen Stellung des Mannes zum Staate erinnern, so finden wir auch da, dass der unbedingte Gehorsam bequemer ist, als der bedingte. (...) Es ist in jedem Falle schwerer, seine

Persönlichkeit ohne Schwanken und Unklarheit durchzusetzen, als sich von ihr in der erwähnten Weise zu lösen; überdiess verlangt es viel mehr Geist und Nachdenken.[164]

* * *

HERKUNFT DES GLAUBENS. – Der gebundene Geist nimmt seine Stellung nicht aus Gründen ein, sondern aus Gewöhnung; er ist zum Beispiel Christ, nicht weil er die Einsicht in die verschiedenen Religionen und die Wahl zwischen ihnen gehabt hätte; er ist Engländer, nicht weil er sich für England entschieden hat, sondern er fand das Christenthum und das Engländerthum vor und nahm sie an ohne Gründe (...)

Später, als er Christ und Engländer war, hat er vielleicht auch einige Gründe zu Gunsten seiner Gewöhnung ausfindig gemacht; man mag diese Gründe umwerfen, damit wirft man ihn in seiner ganzen Stellung nicht um. (...) Angewöhnung geistiger Grundsätze ohne Gründe nennt man Glauben.[165]

* * *

NICHT WENN DAS HEIMWEH euch zurücktreibt, sondern das Urtheil auf Grund einer strengen Vergleichung, so hat euer Heimkehren Etwas zu bedeuten! – Die zukünftigen Menschen werden es einmal so mit allen Werthschätzungen der Vergangenheit machen; man muss sie freiwillig noch einmal durchleben, und ebenso ihr Gegentheil, – um schliesslich das Recht zu haben, sie durch das Sieb fallen zu lassen.[166]

* * *

DER STARKE, GUTE CHARAKTER. – Die Gebundenheit der Ansichten, durch Gewöhnung zum Instinct geworden, führt zu dem, was man Charakterstärke nennt. Wenn Jemand aus wenigen, aber immer aus den gleichen Motiven handelt, so erlangen seine Handlungen eine grosse Energie; stehen diese Handlungen im Einklange mit den Grundsätzen der gebundenen Geister, so werden sie anerkannt und erzeugen nebenbei in Dem, der sie thut, die Empfindung des guten Gewissens. Wenige Motive, energisches Handeln und gutes Gewissen machen Das aus, was man Charakterstärke nennt. Dem Charakterstarken fehlt die

Kenntniss der vielen Möglichkeiten und Richtungen des Handelns; sein Intellect ist unfrei, gebunden, weil er ihm in einem gegebenen Falle vielleicht nur zwei Möglichkeiten zeigt; zwischen diesen muss er jetzt gemäss seiner ganzen Natur mit Nothwendigkeit wählen, und er thut diess leicht und schnell, weil er nicht zwischen fünfzig Möglichkeiten zu wählen hat.[167]

* * *

Der Fanatismus verdirbt den Charakter, den Geschmack und zuletzt auch die Gesundheit: und wer diesen dreien zugleich wieder von Grund aus aufhelfen will, muß sich auf eine langwierige Cur gefaßt machen.[168]

* * *

Der Fanatismus ist (…) die einzige »Willensstärke«, zu der auch die Schwachen und Unsicheren gebracht werden können (…) umgekehrt wäre eine Lust und Kraft der Selbstbestimmung, eine F r e i h e i t des Willens denkbar, bei der ein Geist (…) jedem Wunsch nach Gewissheit den Abschied giebt, geübt, wie er ist, auf leichten Seilen und Möglichkeiten sich halten zu können und selbst an Abgründen noch zu tanzen. Ein solcher Geist wäre der f r e i e  G e i s t par excellence.[169]

* * *

Sittlichkeit ist nichts Anderes (also namentlich n i c h t  m e h r !), als Gehorsam gegen Sitten, welcher Art diese auch sein mögen; Sitten aber sind die h e r k ö m m l i c h e Art zu handeln und abzuschätzen. In Dingen, wo kein Herkommen befiehlt, giebt es keine Sittlichkeit; und je weniger das Leben durch Herkommen bestimmt ist, um so kleiner wird der Kreis der Sittlichkeit.

Der freie Mensch ist unsittlich, weil er in Allem von sich und nicht von einem Herkommen abhängen will: in allen ursprünglichen Zuständen der Menschheit bedeutet »böse« so viel wie »individuell«, »frei«, »willkürlich«, »ungewohnt«, »unvorhergesehen«, »unberechenbar«.

(…) Jede individuelle Handlung, jede individuelle Denkweise erregt Schauder; es ist gar nicht auszurechnen, was gerade die seltneren, ausgesuchteren, ursprünglicheren Geister im ganzen Verlauf der Geschichte dadurch gelitten haben müssen, dass sie immer als die bösen und gefährlichen empfunden wurden, ja dass sie sich selber so empfanden. Unter der Herrschaft der Sittlichkeit der Sitte hat die Originalität jeder Art ein böses Gewissen bekommen.[170]

* * *

FÜR DIE »WAHRHEIT« STERBEN. – Wir würden uns für unsere Meinungen nicht verbrennen lassen: wir sind ihrer nicht so sicher. Aber vielleicht dafür, dass wir unsere Meinungen haben dürfen und ändern dürfen.[171]

* * *

IN WIEFERN der Thätige faul ist. – Ich glaube, dass Jeder über jedes Ding, über welches Meinungen möglich sind, eine eigene Meinung haben muss, weil er selber ein eigenes, nur einmaliges Ding ist, das zu allen anderen Dingen eine neue, nie dagewesene Stellung einnimmt. Aber die Faulheit, welche im Grunde der Seele des Thätigen liegt, verhindert den Menschen, das Wasser aus seinem eigenen Brunnen zu schöpfen.[172]

* * *

EIGENE MEINUNGEN. – Die erste Meinung, welche uns einfällt, wenn wir plötzlich über eine Sache befragt werden, ist gewöhnlich nicht unsere eigene, sondern nur die landläufige, unserer Kaste, Stellung, Abkunft zugehörige; die eigenen Meinungen schwimmen selten oben auf.[173]

* * *

GEWISSENSBISSE nach Gesellschaften. – Warum haben wir nach gewöhnlichen Gesellschaften Gewissensbisse? Weil wir wichtige Dinge leicht genommen haben, weil wir bei der Besprechung von Personen nicht mit voller Treue gesprochen oder weil wir geschwiegen haben, wo wir reden sollten, weil wir gelegentlich nicht aufgesprungen und fortgelaufen sind, kurz weil wir uns in der Gesellschaft benahmen, als ob wir zu ihr gehörten.[174]

* * *

Kleine abweichende Handlungen thun noth! – In den Angelegenheiten der Sitte auch einmal wider seine bessere Einsicht handeln; hier in der Praxis nachgeben und sich die geistige Freiheit vorbehalten; es so machen wie Alle und damit Allen eine Artigkeit und Wohlthat erweisen, zur Entschädigung gleichsam für das Abweichende unserer Meinungen: – das gilt bei vielen leidlich freigesinnten Menschen nicht nur als unbedenklich, sondern als »honett«, »human«, »tolerant«, »nicht pedantisch«, und wie die schönen Worte lauten mögen, mit denen das intellectuelle Gewissen in Schlaf gesungen wird: und so bringt Dieser sein Kind zur christlichen Taufe herzu und ist dabei Atheist, und jener thut Kriegsdienste wie alle Welt, so sehr er auch den Völkerhass verdammt, und ein Dritter läuft mit einem Weibchen in die Kirche, weil es eine fromme Verwandtschaft hat, und macht Gelübde vor einem Priester, ohne sich zu schämen. »Es ist nicht wesentlich, wenn Unsereiner auch thut, was Alle immerdar thun und gethan haben« – so klingt das grobe Vorurtheil! Der grobe Irrthum! Denn es giebt nichts Wesentlicheres, als wenn das bereits Mächtige, Altherkömmliche und vernunftlos Anerkannte durch die Handlung eines anerkannt Vernünftigen noch einmal bestätigt wird: damit erhält es in den Augen Aller, die davon hören, die Sanction der Vernunft selber! Alle Achtung vor eueren Meinungen! Aber kleine abweichende Handlungen sind mehr werth![175]

* * *

Wir wissen es Alle in einzelnen Augenblicken, wie die weitläuftigsten Anstalten unseres Lebens nur gemacht werden, um vor unserer eigentlichen Aufgabe zu fliehen, wie wir gerne irgendwo unser Haupt verstecken möchten, als ob uns dort unser hundertäugiges Gewissen nicht erhaschen könnte, wie wir unser Herz an den Staat, den Geldgewinn, die Geselligkeit oder die Wissenschaft hastig wegschenken, bloss um es nicht mehr zu besitzen, wie wir selbst der schweren Tagesarbeit hitziger und besinnungsloser fröhnen, als nöthig wäre um zu leben: weil es uns nöthiger scheint, nicht zur Besinnung zu kommen.[176]

WERTH EINES BERUFES. – Ein Beruf macht gedankenlos; darin liegt sein grösster Segen. Denn er ist eine Schutzwehr, hinter welche man sich, wenn Bedenken und Sorgen allgemeiner Art Einen anfallen, erlaubtermaassen zurückziehen kann.[177]

* * *

HAUPTMANGEL der thätigen Menschen. – Den Thätigen fehlt gewöhnlich die höhere Thätigkeit: ich meine die individuelle. Sie sind als Beamte, Kaufleute, Gelehrte, das heisst als Gattungswesen thätig, aber nicht als ganz bestimmte einzelne und einzige Menschen; in dieser Hinsicht sind sie faul. (...) wer von seinem Tage nicht zwei Drittel für sich hat, ist ein Sclave, er sei übrigens wer er wolle: Staatsmann, Kaufmann, Beamter, Gelehrter.[178]

* * *

INWIEFERN ES IN EUROPA immer »künstlerischer« zugehn wird. – Die Lebens-Fürsorge zwingt auch heute noch – in unsrer Uebergangszeit, wo so Vieles aufhört zu zwingen – fast allen männlichen Europäern eine bestimmte Rolle auf, ihren sogenannten Beruf; Einigen bleibt dabei die Freiheit, eine anscheinende Freiheit, diese Rolle selbst zu wählen, den Meisten wird sie gewählt. Das Ergebniss ist seltsam genug: fast alle Europäer verwechseln sich in einem vorgerückteren Alter mit ihrer Rolle, sie selbst sind die Opfer ihres »guten Spiels«, sie selbst haben vergessen, wie sehr Zufall, Laune, Willkür damals über sie verfügt haben, als sich ihr »Beruf« entschied – und wie viele andre Rollen sie vielleicht hätten spielen können: denn es ist nunmehr zu spät! Tiefer angesehn, ist aus der Rolle wirklich Charakter geworden, aus der Kunst Natur.[179]

* * *

EIN AMT IST GUT: man legt es zwischen sich und die Menschen, und so hat man sein ruhiges und listiges Versteck und kann thun und sagen, was Jedermann von uns zu erwarten für sein Recht hält. Auch ein frühzeitiger Ruhm kann so benutzt werden: vorausgesetzt, daß hinter ihm, unhörbar, unser eigenes Selbst wieder mit sich frei spielen und über sich lachen kann.[180]

»Das – ist nun mein Weg, – wo ist der eure?«

DIE GESCHICHTE jedes Tages. – Was macht bei dir die Geschichte jedes Tages? Siehe deine Gewohnheiten an, aus denen sie besteht: sind sie das Erzeugniss zahlloser kleiner Feigheiten und Faulheiten oder das deiner Tapferkeit und erfinderischen Vernunft? So verschieden beide Fälle sind, es wäre möglich, dass die Menschen dir das gleiche Lob spendeten und dass du ihnen auch wirklich so wie so den gleichen Nutzen brächtest. Aber Lob und Nutzen und Respectabilität mögen genug für Den sein, der nur ein gutes Gewissen haben will, – nicht aber für dich Nierenprüfer, der du ein Wissen um das Gewissen hast![181]

* * *

DIE PERSÖNLICHSTEN Fragen der Wahrheit. – »Was ist Das eigentlich, was ich thue? Und was will gerade ich damit?« – das ist die Frage der Wahrheit, welche bei unserer jetzigen Art Bildung nicht gelehrt und folglich nicht gefragt wird, für sie giebt es keine Zeit.[182]

* * *

JEDE HANDLUNG, jeder Gedanke, jede Regung baut an dem Glück oder Unglück deiner Zukunft; sie bauen dein Gemüth, deine Gewohnheiten, es giebt nichts Indifferentes. Dein logischer Leichtsinn wird zu büßen sein.[183]

* * *

»DEINE SELBSTSUCHT ist das Unheil deines Lebens« – so klang die Predigt Jahrtausende lang: es that, wie gesagt, der Selbstsucht Schaden und nahm ihr viel Geist, viel Heiterkeit, viel Erfindsamkeit, viel Schönheit, es verdummte und verhässlichte und vergiftete die Selbstsucht![184]

* * *

DER SCHEIN-EGOISMUS. – Die Allermeisten, was sie auch immer von ihrem »Egoismus« denken und sagen mögen, thun trotzdem ihr Lebenlang Nichts für ihr ego, sondern nur für das Phantom von ego, welches sich in den Köpfen ihrer Umgebung über sie gebildet und sich ihnen mitgetheilt hat, – in Folge dessen leben sie Alle zusammen in einem Nebel von unpersönlichen, halbpersönlichen Meinungen und willkürlichen, gleichsam dichterischen Werthschätzungen, Einer immer im Kopfe des Andern, und dieser Kopf wieder in anderen Köpfen: eine wunderliche Welt der Phantasmen, welche sich dabei einen so nüchternen Anschein zu geben weiss! (...)

Alles aus dem Grunde, dass jeder Einzelne in dieser Mehrzahl kein wirkliches, ihm zugängliches und von ihm ergründetes ego der allgemeinen blassen Fiction entgegenzustellen und sie damit zu vernichten vermag.[185]

* * *

Anstatt zu wünschen, daß Andere uns so kennen wie wir sind, wünschen wir, daß sie so gut als möglich von uns denken; wir begehren also, daß die Anderen sich über uns täuschen: das heißt wir sind nicht stolz auf unsere Einzigkeit.[186]

* * *

Die Verkümmerung vieler Menschen hat darin ihren Grund, daß sie immer an ihre Existenz in den Köpfen der Anderen denken, das heißt sie nehmen ihre Wirkungen ernst und nicht das, was wirkt: sich selber. Unsere Wirkungen aber hängen von dem ab, worauf gewirkt werden muß, stehen also nicht in unserer Gewalt. Daher so viel Unruhe und Verdruß.[187]

* * *

Der Egoismus ist noch unendlich schwach! (...)

Man frage nur einmal, wie Wenige gründlich prüfen: warum lebst du hier? Warum gehst du mit dem um? Wie kamst du zu dieser Religion? Welchen Einfluß übt diese und jene Diät auf dich? Ist dies Haus für dich gebaut? usw. Nichts ist seltener als die Feststellung des ego vor uns selber. Es herrscht das Vorurtheil, man kenne das ego, es verfehle nicht, sich fortwährend zu regen: aber es wird fast gar keine Arbeit und Intelligenz darauf verwandt – als ob wir für die Selbsterkenntniß durch eine Intuition der Forschung überhoben wären![188]

Die Griechen lernten allmählich das Chaos zu organisiren, dadurch dass sie sich (…) auf sich selbst, das heisst auf ihre ächten Bedürfnisse zurück besannen und die Schein-Bedürfnisse absterben liessen. So ergriffen sie wieder von sich Besitz; (…)

Dies ist ein Gleichniss für jeden Einzelnen von uns: er muss das Chaos in sich organisiren, dadurch dass er sich auf seine ächten Bedürfnisse zurückbesinnt. Seine Ehrlichkeit, sein tüchtiger und wahrhaftiger Charakter muss sich irgendwann einmal dagegen sträuben, dass immer nur nachgesprochen, nachgelernt, nachgeahmt werde.[189]

* * *

Jener Reisende, der viele Länder und Völker und mehrere Erdtheile gesehn hatte und gefragt wurde, welche Eigenschaft der Menschen er überall wiedergefunden habe, sagte: sie haben einen Hang zur Faulheit. Manchen wird es dünken, er hätte richtiger und gültiger gesagt: sie sind alle furchtsam. Sie verstecken sich unter Sitten und Meinungen. Im Grunde weiss jeder Mensch recht wohl, dass er nur einmal, als ein Unicum, auf der Welt ist (…) er weiss es, aber verbirgt es wie ein böses Gewissen – weshalb? Aus Furcht vor dem Nachbar, welcher die Convention fordert und sich selbst mit ihr verhüllt. Aber was ist es, was den Einzelnen zwingt, den Nachbar zu fürchten, heerdenmässig zu denken und zu handeln und seiner selbst nicht froh zu sein? Schamhaftigkeit vielleicht bei Einigen und Seltnen. Bei den Allermeisten ist es Bequemlichkeit, Trägheit, kurz jener Hang zur Faulheit, von dem der Reisende sprach. Er hat Recht: die Menschen sind noch fauler als furchtsam und fürchten gerade am meisten die Beschwerden, welche ihnen eine unbedingte Ehrlichkeit und Nacktheit aufbürden würde. Die Künstler allein (…) enthüllen das Geheimniss, (…) dass jeder Mensch ein einmaliges Wunder ist, sie wagen es, uns den Menschen zu zeigen, wie er bis in jede Muskelbewegung er selbst, er allein ist, noch mehr, dass er in dieser strengen Consequenz seiner Einzigkeit schön und betrachtenswerth ist, neu und unglaublich wie jedes Werk der Natur und durchaus nicht langweilig (…)

Der Mensch, welcher nicht zur Masse gehören will, braucht nur aufzuhören, gegen sich bequem zu sein; er folge seinem Gewissen, welches ihm zuruft: »sei du selbst! Das bist du alles nicht, was du jetzt thust, meinst, begehrst.« (…) Und wie trost- und sinnlos kann ohne diese Befreiung das Leben werden! Es giebt kein öderes und widrigeres

Geschöpf in der Natur als den Menschen, welcher seinem Genius ausgewichen ist und nun nach rechts und nach links, nach rückwärts und überallhin schielt.[190]

* * *

Nicht unvermerkt zu Grunde gehen. – Nicht Einmal, sondern fortwährend bröckelt es an unserer Tüchtigkeit und Grösse; die kleine Vegetation, welche zwischen Allem hineinwächst und sich überall anzuklammern versteht, diese ruinirt Das, was gross an uns ist, – die alltägliche, stündliche übersehene Erbärmlichkeit unserer Umgebung, die tausend Würzelchen dieser oder jener kleinen und kleinmüthigen Empfindung, welche aus unserer Nachbarschaft, aus unserem Amte, unserer Geselligkeit, unserer Tageseintheilung herauswächst. Lassen wir diess kleine Unkraut unbemerkt, so gehen wir an ihm unbemerkt zu Grunde![191]

* * *

Wir haben uns über unser Dasein vor uns selbst zu verantworten; folglich wollen wir auch die wirklichen Steuermänner dieses Daseins abgeben und nicht zulassen, dass unsre Existenz einer gedankenlosen Zufälligkeit gleiche. Man muss es mit ihr etwas kecklich und gefährlich nehmen: zumal man sie im schlimmsten wie im besten Falle immer verlieren wird. Warum an dieser Scholle, diesem Gewerbe hängen, warum hinhorchen nach dem, was der Nachbar sagt? Es ist so kleinstädtisch, sich zu Ansichten verpflichten, welche ein paar hundert Meilen weiter schon nicht mehr verpflichten.[192]

* * *

Ach diese Spanne Zeit! Wir wollen sie wenigstens gross und willkürlich behandeln. Für so kleine Gabe sollen wir doch nicht Sklaven der Geber sein! Das ist das Wunderlichste, wie gebunden die Vorstellung und Einbildung der Menschen ist, sie nehmen das Leben nie als ein Ganzes wahr. Sie fürchten sich vor den Worten und Meinungen ihrer Nächsten – ach, nur zwei Generationen weiter und niemand hat mehr die Meinungen, die jetzt herrschen und euch zu Sklaven machen wollen.[193]

»Das – ist nun mein Weg, – wo ist der eure?«

Es giebt keine Erzieher. – Nur von Selbst-Erziehung sollte man als Denker reden. Die Jugend-Erziehung durch Andere ist entweder ein Experiment, an einem noch Unerkannten, Unerkennbaren vollzogen, oder eine grundsätzliche Nivellirung, um das neue Wesen, welches es auch sei, den Gewohnheiten und Sitten, welche herrschen, gemäss zu machen: in beiden Fällen also Etwas, das des Denkers unwürdig ist, das Werk der Eltern und Lehrer, welche Einer der verwegenen Ehrlichen nos ennemis naturels genannt hat. – Eines Tages, wenn man längst, nach der Meinung der Welt, erzogen ist, entdeckt man sich selber: da beginnt die Aufgabe des Denkers, jetzt ist es Zeit, ihn zu Hülfe zu rufen – nicht als einen Erzieher, sondern als einen Selbst-Erzogenen, der Erfahrung hat.[194]

Wir lernen die Ansprüche und Meinungen der Anderen eher kennen, als unsere eigenen; jene werden durch lange Übung uns anorganisirt. Wenn wir später selbstständiger werden, beziehen wir doch all unser bewußtes Urtheilen und Handeln immer auf den anorganisirten Grundstock, vergleichend oder widerstrebend, uns dagegen empörend oder uns mit ihm versöhnend.[195]

Gefahr in der Bescheidenheit. – Sich zu früh anpassen an ein milieu, an Aufgaben, Gesellschaften, Alltags- und Arbeits-Ordnungen, in welche der Zufall uns setzt, zur Zeit, wo weder unsere Kraft, noch unser Ziel uns gesetzgeberisch ins Bewußtsein getreten ist; die damit errungene allzufrühe Gewissens-Sicherheit, Erquicklichkeit, Gemeinsamkeit, dieses vorzeitige Sich-Bescheiden, das sich als Loskommen von der inneren und äußeren Unruhe dem Gefühle einschmeichelt, verwöhnt und hält in der gefährlichsten Weise nieder; das Achten-lernen nach Art von »Seinesgleichen«, wie als ob wir selbst in uns kein Maaß und Recht hätten, Werthe anzusetzen, die Bemühung, gleich zu schätzen gegen die innere Stimme des Geschmacks, der auch ein Gewissen ist, wird eine furchtbare feine Fesselung: wenn es endlich keine Explosion giebt, mit Zersprengung aller Bande der Liebe und Moral mit Einem Male, so verkümmert (…) ein solcher Geist. – Das Entgegengesetzte ist schlimm genug, aber immer noch besser: an seiner Umgebung leiden, an ihrem Lobe sowohl wie an ihrer Mißbilligung, verwundet dabei und unterschwürig werden, ohne es zu verrathen; unfreiwillig-mißtrauisch sich gegen ihre Liebe vertheidigen, das Schweigen lernen, vielleicht indem man es durch Reden verbirgt, sich Winkel und unerrathbare Einsamkeiten schaffen für die Augenblicke des Aufathmens, der Thränen, der sublimen Tröstung – bis man endlich stark genug ist, um zu sagen: »was habe ich mit euch zu schaffen?« und seines Weges geht.[196]

* * *

Wann es Zeit ist, sich Treue zu geloben. – Man verläuft sich mitunter in eine geistige Richtung, welcher unsre Begabung widerspricht; eine Zeit lang kämpft man heroisch wider die Fluth und den Wind an, im Grunde gegen sich selbst: man wird müde, keucht; was man vollbringt, macht Einem keine rechte Freude, man meint zu viel bei diesen Erfolgen eingebüsst zu haben. Ja, man verzweifelt an seiner Fruchtbarkeit, an seiner Zukunft, mitten im Siege vielleicht. Endlich, endlich kehrt man um – und jetzt weht der Wind in unser Segel und treibt uns in unser Fahrwasser. Welches Glück! Wie siegesgewiss fühlen wir uns! Jetzt erst wissen wir, was wir sind und was wir wollen, jetzt geloben wir uns Treue und dürfen es – als Wissende.[197]

* * *

Vorwärts. – Und damit vorwärts auf der Bahn der Weisheit, guten Schrittes, guten Vertrauens! Wie du auch bist, so diene dir selber als Quell der Erfahrung! Wirf das Missvergnügen über dein Wesen ab, verzeihe dir dein eignes Ich, denn in jedem Falle hast du an dir eine Leiter mit hundert Sprossen, auf welchen du zur Erkenntniss steigen kannst.[198]

* * *

Auf vielerlei Weg und Weise kam ich zu meiner Wahrheit; nicht auf Einer Leiter stieg ich zur Höhe, wo mein Auge in meine Ferne schweift.

Und ungern nur fragte ich stets nach Wegen, – das gieng mir

immer wider den Geschmack! Lieber fragte und versuchte ich die Wege selber.

Ein Versuchen und Fragen war all mein Gehen: – und wahrlich, auch antworten muss man lernen auf solches Fragen! Das aber – ist mein Geschmack:

– kein guter, kein schlechter, aber mein Geschmack, dessen ich weder Scham noch Hehl mehr habe.

»Das – ist nun mein Weg, – wo ist der eure?« so antwortete ich Denen, welche mich »nach dem Wege« fragten. Den Weg nämlich – den giebt es nicht![199]

* * *

WOLLT IHR HOCH HINAUS, so braucht die eignen Beine! Lasst euch nicht empor tragen, setzt euch nicht auf fremde Rücken und Köpfe!

Du aber stiegst zu Pferde? Du reitest nun hurtig hinauf zu deinem Ziele? Wohlan, mein Freund! Aber dein lahmer Fuss sitzt auch mit zu Pferde!

Wenn du an deinem Ziele bist, wenn du von deinem Pferde springst: auf deiner Höhe gerade, du höherer Mensch – wirst du stolpern![200]

* * *

NIEMAND KANN dir die Brücke bauen, auf der gerade du über den Fluss des Lebens schreiten musst, niemand ausser dir allein. Zwar giebt es zahllose Pfade und Brücken und Halbgötter, die dich durch den Fluss tragen wollen; aber nur um den Preis deiner selbst; du würdest dich verpfänden und verlieren. Es giebt in der Welt einen einzigen Weg, auf welchem niemand gehen kann, ausser dir: wohin er führt? Frage nicht, gehe ihn.[201]

* * *

WIE IST ES NUR MÖGLICH, auf seinem Wege zu bleiben! Fortwährend ruft uns irgend ein Geschrei seitwärts; unser Auge sieht da selten Etwas, wobei es nicht nöthig wird, augenblicklich unsre eigne Sache zu lassen und zuzuspringen. Ich weiss es: es giebt hundert anständige und rühmliche Arten, um mich von meinem Wege zu verlieren, und wahrlich höchst »moralische« Arten! Ja, die Ansicht der jetzigen Mitleid-Moralprediger geht sogar dahin, dass eben Diess und nur Diess allein moralisch sei: – sich dergestalt von seinem Wege zu verlieren und dem Nächsten beizuspringen. (…)

Ja, es giebt eine heimliche Verführung sogar in alle diesem Mitleid-Erweckenden und Hülfe-Rufenden: eben unser »eigener Weg« ist eine zu harte und anspruchsvolle Sache und zu ferne von der Liebe und Dankbarkeit der Anderen, – wir entlaufen ihm gar nicht ungerne, ihm und unserm eigensten Gewissen (…). Du wirst auch helfen wollen: aber nur Denen, deren Noth du ganz verstehst, weil sie mit dir Ein Leid und Eine Hoffnung haben – deinen Freunden: und nur auf die Weise, wie du dir selber hilfst: – ich will sie muthiger, aushaltender, einfacher, fröhlicher machen! Ich will sie Das lehren, was jetzt so Wenige verstehen und jene Prediger des Mitleidens am wenigsten: – die Mitfreude! [202]

* * *

»Wolle ein Selbst.« – Die thätigen erfolgreichen Naturen handeln nicht nach dem Spruche »kenne dich selbst«, sondern wie als ob ihnen der Befehl vorschwebte: wolle ein Selbst, so wirst du ein Selbst. – Das Schicksal scheint ihnen immer noch die Wahl gelassen zu haben; während die Unthätigen und Beschaulichen darüber nachsinnen, wie sie jenes eine Mal, beim Eintritt in's Leben, gewählt haben.[203]

* * *

Es ist Mythologie zu glauben, daß wir unser eigentliches Selbst finden werden, nachdem wir dies und jenes gelassen oder vergessen haben. So dröseln wir uns auf bis ins Unendliche zurück: sondern uns selber machen, aus allen Elementen eine Form gestalten – ist die Aufgabe! Immer die eines Bildhauers! Eines produktiven Menschen![204]

»Das – ist nun mein Weg, – wo ist der eure?«

Gärtner und Garten. – Aus feuchten trüben Tagen, Einsamkeit, lieblosen Worten an uns, wachsen Schlüsse auf wie Pilze: sie sind eines Morgens da, wir wissen nicht woher, und sehen sich grau und griesgrämig nach uns um. Wehe dem Denker, der nicht der Gärtner, sondern nur der Boden seiner Gewächse ist![205]

* * *

Wir haben es in der Hand, unser Temperament wie einen Garten auszubilden. Erlebnisse hineinpflanzen, andere wegstreichen: eine schöne stille Allee der Freundschaft gründen, verschwiegener Ausblicke auf den Ruhm sich bewußt sein, – Zugänge zu allen diesen guten Winkeln seines Gartens bereit halten, daß er uns nicht fehle, wenn wir ihn nöthig haben![206]

* * *

Vom Thiere und von der Pflanze müssen wir lernen was Blühen ist: und darnach in Betreff des Menschen umlernen.[207]

* * *

Es kommt wohl für Jeden eine Stunde, wo er mit Verwunderung vor sich selbst fragt: Wie lebt man nur! Und man lebt doch! – eine Stunde, wo er zu begreifen anfängt, dass er eine Erfindsamkeit besitzt von der gleichen Art wie er sie an der Pflanze bewundert, die sich windet und klettert und endlich sich etwas Licht erzwingt und ein wenig Erdreich dazu und so ihr Theil Freude in einem unwirthlichen Boden sich selber schafft. In den Beschreibungen die einer von seinem Leben macht, giebt es immer solchen Punct, wo man staunt, wie hier die Pflanze noch leben kann und wie sie doch mit einer unerschütterlichen Tapferkeit daran geht.[208]

* * *

Wer auf (...) eignen Wegen geht, begegnet Niemandem: das bringen die »eignen Wege« mit sich. Niemand kommt, ihm dabei zu helfen; mit Allem, was ihm von Gefahr, Zufall, Bosheit und schlechtem Wetter zustösst, muss er allein fertig werden. Er hat eben seinen Weg für sich – und, wie billig, seine Bitterkeit, seinen gelegentlichen Verdruss an diesem »für sich«: wozu es zum Beispiel gehört, zu wissen, dass selbst seine Freunde nicht errathen können, wo er ist, wohin er geht, dass sie sich bisweilen fragen werden »wie? geht er überhaupt? hat er noch – einen Weg?»[209]

Der Wanderer im Gebirge zu sich selber. – Es giebt sichere Anzeichen dafür, dass du vorwärts und höher hinauf gekommen bist: es ist jetzt freier und aussichtsreicher um dich als vordem, die Luft weht dich kühler, aber auch milder an, – du hast ja die Thorheit verlernt, Milde und Wärme zu verwechseln –, dein Gang ist lebhafter und fester geworden, Muth und Besonnenheit sind zusammen gewachsen: – aus allen diesen Gründen wird dein Weg jetzt einsamer sein dürfen und jedenfalls gefährlicher sein als dein früherer, wenn auch gewiss nicht in dem Maasse, als Die glauben, welche dich Wanderer vom dunstigen Thale aus auf dem Gebirge schreiten sehen.[210]

Inzwischen (…) lernte ich, was jetzt Wenige verstehen, Einsamkeit ertragen, Einsamkeit – »verstehen«: und ich würde es heute geradezu mit unter die wesentlichen Anzeichen eines »freien Geistes« setzen, daß er lieber allein läuft, lieber allein fliegt, ja selber noch, wenn er einmal kranke Beine hat, lieber allein kriecht. Die Einsamkeit tödtet, wenn sie nicht heilt: das ist wahr; die Einsamkeit gehört zu einer schlimmen und gefährlichen Heilkunst. Aber gewiß ist, daß sie, wenn sie heilt, auch den Menschen gesünder und selbstherrlicher hinstellt, als je ein Mensch in Gesellschaft, ein Baum in seinem Walde stehen könnte.[211]

* * *

Zur Erziehung. – Allmählich ist mir das Licht über den allgemeinsten Mangel unserer Art Bildung und Erziehung aufgegangen: Niemand lernt, Niemand strebt darnach, Niemand lehrt – die Einsamkeit ertragen.[212]

»Das – ist nun mein Weg, – wo ist der eure?«

Es ist sehr schwer, ein hohes Selbstbewußtsein aufrecht zu erhalten, wenn man auf eigenen und neuen Pfaden geht. Wir können nicht wissen, was wir werth sind, das müssen wir den Anderen glauben; und wenn diese uns nicht richtig beurtheilen können, ebenso weil wir auf unbekannten Wegen gehen, so werden wir uns selber bedenklich: wir brauchen des frohen ermuthigenden Zurufs. Die Einsamen werden sonst düster und verlieren die Hälfte ihrer Tüchtigkeit, und ihre Werke mit ihnen.[213]

* * *

Ein Jeder trägt eine productive Einzigkeit in sich, als den Kern seines Wesens; und wenn er sich dieser Einzigkeit bewusst wird, erscheint um ihn ein fremdartiger Glanz, der des Ungewöhnlichen. Dies ist den Meisten etwas Unerträgliches: weil sie, wie gesagt, faul sind und weil an jener Einzigkeit eine Kette von Mühen und Lasten hängt. Es ist kein Zweifel, dass für den Ungewöhnlichen, der sich mit dieser Kette beschwert, das Leben fast Alles, was man von ihm in der Jugend ersehnt, Heiterkeit, Sicherheit, Leichtigkeit, Ehre, einbüsst; das Loos der Vereinsamung ist das Geschenk, welches ihm die Mitmenschen machen; die Wüste und die Höhle ist sofort da, er mag leben, wo er will. Nun sehe er zu, dass er sich nicht unterjochen lasse, dass er nicht gedrückt und melancholisch werde.[214]

* * *

Das Empörende an einer individuellen Lebensart. – Alle sehr individuellen Maassregeln des Lebens bringen die Menschen gegen Den, der sie ergreift, auf; sie fühlen sich durch die aussergewöhnliche Behandlung, welche Jener sich angedeihen lässt, erniedrigt, als gewöhnliche Wesen.[215]

[An Köselitz, 24. 11. 1880]

Einsamkeit, und Strenge gegen uns vor unserm eignen Richterstuhl, kein Hinhorchen mehr nach Anderen, Mustern und Meistern! Ein Leben, das unserm innersten Wunsche gemäß ist und w i r d, eine Thätigkeit ohne Hast, kein fremdes Gewissen über uns und unserm Thun! So versuche ich's nun wieder einmal, mir herzurichten.[216]

# 9.

## »Es ist mehr Vernunft in deinem Leibe, als in deiner besten Weisheit« – Die Entdeckung des Leibes

*Als nicht nur denkendes, sondern empfindendes, sinnliches Wesen sollte der Mensch seine Triebe und leiblichen Bedürfnisse als Natur begreifen, sie achten und lieben lernen. Gegen eine lange christliche Tradition der Leibverachtung rehabilitiert Nietzsches Zarathustra den Leib, unsere »große Vernunft«, deren Bedürfnisse und Begehrlichkeiten die eigentlichen Lenker der »kleinen Vernunft« unseres Bewußtseins, unseres Ichs seien. Der freie Geist fördert, bereichert, verfeinert sein sinnliches Er(Leben), sieht im »Leibhaftigen« nicht länger den Teufel, mit dem man zum schlechten Gewissen erzieht.*

*Neben die Verlogenheit der Moral stellt Nietzsche den Selbstbetrug der Philosophen. Gewohnt, bei allem, was sichtbar wird, zu fragen, was es möglicherweise verbergen soll, empfiehlt er, die hehren, mit dem Anspruch auf objektive Wahrheit einherschreitenden Gedankensysteme der Philosophie einmal als intellektuelle Verkleidungen unbewußter Triebkräfte zu lesen. Kein Denken kann sich von den Bedingungen seiner Leiblichkeit völlig befreien, »wir sind« – so sagt Nietzsche – »keine Objektivir- und Registrir-Apparate mit kalt gestellten Eingeweiden« und sollten uns stets klarmachen, wie sehr unsere Triebe, Wünsche, Stimmungen an unserem Denken teilhaben, möglicherweise sogar auf eine bisher gar nicht zu durchschauende Weise dessen geheime »Regisseure« sind.*

Die vergessene Natur. – Wir sprechen von Natur und vergessen uns dabei: wir selber sind Natur, quand même – . Folglich ist Natur etwas ganz Anderes als Das, was wir beim Nennen ihres Namens empfinden.[217]

* * *

Die ganze Ehrfurcht, die wir bisher in die Natur gelegt haben, müssen wir auch empfinden lernen bei der Betrachtung des Leibes.[218]

* * *

In der Hauptsache gebe ich den Künstlern mehr Recht als allen Philosophen bisher: sie verloren die große Spur nicht, auf der das Leben geht, sie liebten die Dinge »dieser Welt« – sie liebten ihre Sinne. Entsinnlichung zu erstreben: das scheint mir ein Mißverständniß oder eine Krankheit oder eine Kur, wo sie nicht eine bloße Heuchelei oder Selbstbetrügerei ist. Ich wünsche mir selber und allen denen, welche ohne die Ängste eines Puritaner-Gewissens leben – leben dürfen, eine immer größere Vergeistigung und Vervielfältigung der Sinne; ja wir wollen den Sinnen dankbar sein für ihre Feinheit, Fülle und Kraft und ihnen das Beste von Geist, was wir haben, dagegen bieten. Was gehen uns die priesterlichen und metaphysischen Verketzerungen der Sinne an! Wir haben diese Verketzerung nicht mehr nöthig: es ist ein Merkmal der Wohlgerathenheit, wenn Einer gleich Goethen mit immer größerer Lust und Herzlichkeit an »den Dingen der Welt« hängt.[219]

* * *

Hinter deinen Gedanken und Gefühlen steht dein Leib und dein Selbst im Leibe: die terra incognita. Wozu hast du diese Gedanken und diese Gefühle? Dein Selbst im Leibe will etwas damit.[220]

* * *

Ich beschwöre euch, meine Brüder, bleibt der Erde treu und glaubt Denen nicht, welche euch von überirdischen Hoffnungen reden! Giftmischer sind es, ob sie es wissen oder nicht.

Verächter des Lebens sind es, Absterbende und selber Vergiftete, deren die Erde müde ist: so mögen sie dahinfahren! (…)

Einst blickte die Seele verächtlich auf den Leib: und damals war diese Verachtung das Höchste: – sie wollte ihn mager, grässlich, verhungert. So dachte sie ihm und der Erde zu entschlüpfen.

Oh diese Seele war selber noch mager, grässlich und verhungert: und Grausamkeit war die Wollust dieser Seele![221]

* * *

Von den Verächtern des Leibes

»Leib bin ich und Seele« – so redet das Kind. Und warum sollte man nicht wie die Kinder reden?

Aber der Erwachte, der Wissende sagt: Leib bin ich ganz und gar, und Nichts ausserdem; und Seele ist nur ein Wort für ein Etwas am Leibe.

Der Leib ist eine grosse Vernunft, eine Vielheit mit Einem Sinne, ein Krieg und ein Frieden, eine Heerde und ein Hirt.

Werkzeug deines Leibes ist auch deine kleine Vernunft, mein Bruder, die du »Geist« nennst, ein kleines Werk- und Spielzeug deiner grossen Vernunft.

»Ich« sagst du und bist stolz auf diess Wort. Aber das Grössere ist, woran du nicht glauben willst, – dein Leib und seine grosse Vernunft: die sagt nicht Ich, aber thut Ich (…)

Es ist mehr Vernunft in deinem Leibe, als in deiner besten Weisheit. Und wer weiss denn, wozu dein Leib gerade deine beste Weisheit nöthig hat?[222]

* * *

Ich weiss nicht, von welchen fernen und seltenen Dingen die modernen Ethiker reden: sie nehmen den Menschen wie ein wunderlich spiritualistisches Wesen, sie scheinen es für unanständig zu halten, den Menschen so nackt-antik zu behandlen und von seinen vielen nöthigen obzwar niedrigen Bedürfnissen zu reden. Die Schamhaftigkeit geht so weit, dass man glauben möchte, der moderne Mensch habe nur noch einen Scheinleib.[223]

Sie haben das Gebiet der pudenda so ausgedehnt, daß ein Gespräch über Verdauung, ja über Zahnbürsten schon für unzart gilt: und die Feineren denken folglich auch nicht über solche Dinge nach.[224]

* * *

Die Unwissenheit in physiologicis – der Christ hat kein Nervensystem – ; die Verachtung und das willkürliche Wegsehen-wollen von den Forderungen des Leibes, von der Entdeckung des Leibes; die Voraussetzung, daß es so der höheren Natur des Menschen gemäß sei, – daß es der Seele nothwendig zu Gute komme – die grundsätzliche Reduktion aller Gesammt-Gefühle des Leibes auf moralische Werthe; die Krankheit selbst bedingt gedacht durch die Moral, etwa als Strafe, oder als Prüfung oder auch als Heils-Zustand, in dem der Mensch vollkommener wird als er es in der Gesundheit sein könnte.[225]

* * *

Gegen die Verleumder der Natur. – Das sind mir unangenehme Menschen, bei denen jeder natürliche Hang sofort zur Krankheit wird, zu etwas Entstellendem oder gar Schmählichem, – diese haben uns zu der Meinung verführt, die Hänge und Triebe des Menschen seien böse; sie sind die Ursache unserer grossen Ungerechtigkeit gegen unsere Natur, gegen alle Natur! Es giebt genug Menschen, die sich ihren Trieben mit Anmuth und Sorglosigkeit überlassen dürfen: aber sie thun es nicht, aus Angst vor jenem eingebildeten »bösen Wesen« der Natur! Daher ist es gekommen, dass so wenig Vornehmheit unter den Menschen zu finden ist: deren Kennzeichen es immer sein wird, vor sich keine Furcht zu haben, von sich nichts Schmähliches zu erwarten, ohne Bedenken zu fliegen, wohin es uns treibt – uns freigeborene Vögel! Wohin wir auch nur kommen, immer wird es frei und sonnenlicht um uns sein.[226]

* * *

Das Vorurtheil vom »reinen Geiste«. – Überall, wo die Lehre von der reinen Geistigkeit geherrscht hat, hat sie mit ihren Ausschweifungen die Nervenkraft zerstört: sie lehrte den Körper geringschätzen, vernachlässigen oder quälen, und um aller seiner Triebe willen den Menschen selber quälen und geringschätzen; sie gab verdüsterte, gespannte, gedrückte Seelen, – welche noch überdiess glaubten, die Ursache ihres Elend-Gefühls zu kennen und sie vielleicht heben zu können! »Im Körper muss sie liegen! er blüht immer noch zu sehr!« – so schlossen sie, während thatsächlich derselbe gegen seine fortwährende Verhöhnung durch seine Schmerzen Einsprache über Einsprache erhob. Eine allgemeine, chronisch gewordene Übernervosität war endlich das Loos jener tugendhaften Reingeistigen: die Lust lernten sie nur noch in der Form der Ekstase und anderer Vorläufer des Wahnsinns kennen – und ihr System kam auf seine Spitze, als es die Ekstase als das Höheziel des Lebens und als den verurtheilenden Maassstab für alles Irdische nahm.[227]

Der Begriff »Gott« erfunden als Gegensatz-Begriff zum Leben, – in ihm alles Schädliche, Vergiftende, Verleumderische, die ganze Todfeindschaft gegen das Leben in eine entsetzliche Einheit gebracht! Der Begriff »Jenseits«, »wahre Welt« erfunden, um die einzige Welt zu entwerthen, die es giebt, – um kein Ziel, keine Vernunft, keine Aufgabe für unsre Erden-Realität übrig zu behalten! Der Begriff »Seele«, »Geist«, zuletzt gar noch »unsterbliche Seele«, erfunden, um den Leib zu verachten, um ihn krank – »heilig« – zu machen, um allen Dingen, die Ernst im Leben verdienen, den Fragen von Nahrung, Wohnung, geistiger Diät, Krankenbehandlung, Reinlichkeit, Wetter, einen schauerlichen Leichtsinn entgegenzubringen! Statt der Gesundheit das »Heil der Seele«.[228]

Böse denken heisst böse machen. – Die Leidenschaften werden böse und tückisch, wenn sie böse und tückisch betrachtet werden. So ist es dem Christenthum gelungen, aus Eros und Aphrodite – grossen idealfähigen Mächten – höllische Kobolde und Truggeister zu schaffen, durch die Martern, welche es in dem Gewissen der Gläubigen bei allen geschlechtlichen Erregungen entstehen liess. Ist es nicht schrecklich, nothwendige und regelmässige Empfindungen zu einer Quelle des inneren Elends zu machen und dergestalt das innere Elend bei jedem Menschen nothwendig und regelmässig machen zu wollen! (...) An sich ist den geschlechtlichen wie den mitleidenden und anbetenden Empfindungen gemeinsam, dass hier der eine Mensch durch sein Vergnügen einem anderen Menschen wohlthut, – man trifft derartige wohlwollende Veranstaltungen nicht zu häufig in der Natur! Und gerade eine solche verlästern und sie durch das böse Gewissen verderben! Die Zeugung des Menschen mit dem bösen Gewissen verschwistern! – Zuletzt hat diese Verteufelung des Eros einen Komödien-Ausgang bekommen: der »Teufel« Eros ist allmählich den Menschen interessanter als alle Engel und Heiligen geworden, Dank der Munkelei und Geheimthuerei der Kirche in allen erotischen Dingen: sie hat bewirkt, bis in unsere Zeiten hinein, dass die Liebesgeschichte das einzige wirkliche Interesse wurde, das allen Kreisen gemein ist.[229]

* * *

Die unbewusste Verkleidung physiologischer Bedürfnisse unter die Mäntel des Objektiven, Ideellen, Rein-Geistigen geht bis zum Erschrecken weit, – und oft genug habe ich mich gefragt, ob nicht, im Grossen gerechnet, Philosophie bisher überhaupt nur eine Auslegung des Leibes und ein Missverständniss des Leibes gewesen ist. (...). Man darf alle jene kühnen Tollheiten der Metaphysik (...) zunächst immer als Symptome bestimmter Leiber ansehn (...), als Symptome (...) seines Gerathens und Missrathens, seiner Fülle, Mächtigkeit, Selbstherrlichkeit in der Geschichte, oder aber seiner Hemmungen, Ermüdungen, Verarmungen, seines Vorgefühls vom Ende, seines Willens zum Ende.[230]

* * *

Wir sind keine denkenden Frösche, keine Objektivir- und Registrir-Apparate mit kalt gestellten Eingeweiden, – wir müssen beständig unsre Gedanken aus unsrem Schmerz gebären und mütterlich ihnen Alles mitgeben, was wir von Blut, Herz, Feuer, Lust, Leidenschaft, Qual, Gewissen, Schicksal, Verhängniss in uns haben. Leben – das heisst für uns Alles, was wir sind, beständig in Licht und Flamme verwandeln, auch Alles, was uns trifft, wir können gar nicht anders.[231]

Ich habe meine Schriften jederzeit mit meinem ganzen Leib und Leben geschrieben: ich weiß nicht, was »rein geistige« Probleme sind.[232]

* * *

Auf Umwegen. – Wohin will diese ganze Philosophie mit allen ihren Umwegen? Thut sie mehr, als einen stäten und starken Trieb gleichsam in Vernunft zu übersetzen, einen Trieb nach milder Sonne, heller und bewegter Luft, südlichen Pflanzen, Meeres-Athem, flüchtiger Fleisch-, Eier- und Früchtenahrung, heissem Wasser zum Getränke, tagelangen stillen Wanderungen, wenigem Sprechen, seltenem und vorsichtigem Lesen, einsamem Wohnen, reinlichen, schlichten und fast soldatischen Gewohnheiten, kurz nach allen Dingen, die gerade mir am besten schmecken, gerade mir am zuträglichsten sind? Eine Philosophie, welche im Grunde der Instinct für eine persönliche Diät ist? Ein Instinct, welcher nach meiner Luft, meiner Höhe, meiner Witterung, meiner Art Gesundheit durch den Umweg meines Kopfes sucht? Es giebt viele andere und gewiss auch viele höhere Erhabenheiten der Philosophie, und nicht nur solche, welche düsterer und anspruchsvoller sind, als die meinen, – vielleicht sind auch sie insgesammt nichts Anderes, als intellectuelle Umwege derartig persönlicher Triebe?[233]

# 10.

## »Wie alt ich schon bin und wie jung ich noch sein werde …« – Mut zur Verwandlung

*Wer »Egoist« genug ist, sich auf den Weg zu sich selbst zu machen, lernt dabei, sich als ein Wesen in beständiger Verwandlung zu betrachten. »Du bist immer ein Anderer«, erinnert der Philosoph seinen Leser, und wer den Mut zu dieser Ansicht findet, beginnt bald dem Lob, das die Gesellschaft der Charakterfestigkeit spendet, zu mißtrauen und die Vorstellung von sich als einem sich gleich bleibenden Individuum als Beschränkung zu empfinden. Benutzt die Gemeinschaftsmoral dieses Ideal nicht auch als Instrument zur Disziplinierung, wenn sie unseren Bedürfnissen nach Verwandlung das schlechte Gewissen beigibt, Verrat am Herkömmlichen, allgemein Anerkannten zu sein? Ist nicht Furcht vor dem Unausrechenbaren der tiefere Grund solcher Wertsetzungen?*

*Wer deren strategische Funktion durchschaut hat, wer den Grad persönlicher Reife nicht schon aus dem Beifall für seine Handlungen ableitet, die auch das Produkt unreflektierter Anpassung an einen vorgegebenen Verhaltenskodex sein können, der wird sich für seine Wandelbarkeit nicht länger schämen wollen.*

*Er wird anfangen, den inneren Strömungen, den wechselnden Stimmen in sich Gehör zu schenken, die ihn zu etwas hin- oder von ihm forttreiben. Er fürchtet sich nicht mehr davor, seinen Bedürfnissen und Wünschen folgend frühere Meinungen und Überzeugungen abzustreifen. Solche Häutungen sind schmerzhaft, weil sie als Abschiede von ehemals Geliebtem durchlebt werden; aber dieser Schmerz gehört zur körperlichen wie seelisch-geistigen Entwicklung, ist Anstoß und Begleiter allen Wachstums. Wem es gelingt, den Wandel seiner Ansichten in einem sich verändernden Erfahrungshorizont zuzulassen und als fortgesetzte innere Bereicherung dankbar anzunehmen, der wird sich auch toleranter, milder, verständiger gegenüber der Vielfalt möglicher Perspektiven, Lebenslagen und Daseinsformen zeigen.*

KURZE GEWOHNHEITEN. – Ich liebe die kurzen Gewohnheiten und halte sie für das unschätzbare Mittel, viele Sachen und Zustände kennen zu lernen und hinab bis auf den Grund ihrer Süssen und Bitterkeiten; meine Natur ist ganz für kurze Gewohnheiten eingerichtet, selbst in den Bedürfnissen ihrer leiblichen Gesundheit und überhaupt soweit ich nur sehen kann: vom Niedrigen bis zum Höchsten. Immer glaube ich, diess werde mich nun dauernd befriedigen – auch die kurze Gewohnheit hat jenen Glauben der Leidenschaft, den Glauben an die Ewigkeit – und ich sei zu beneiden, es gefunden und erkannt zu haben: – und nun nährt es mich am Mittage und am Abende und verbreitet eine tiefe Genügsamkeit um sich und in mich hinein, sodass mich nach Anderem nicht verlangt, ohne dass ich zu vergleichen oder zu verachten oder zu hassen hätte. Und eines Tages hat es seine Zeit gehabt: die gute Sache scheidet von mir, nicht als Etwas, das mir nun Ekel einflösst – sondern friedlich und an mir gesättigt, wie ich an ihm, und wie als ob wir einander dankbar sein müssten und uns so die Hände zum Abschied reichten. Und schon wartet das Neue an der Thüre und ebenso mein Glaube – der unverwüstliche Thor und Weise! – diess Neue werde das Rechte, das letzte Rechte sein. So geht es mir mit Speisen, Gedanken, Menschen, Städten, Gedichten, Musiken, Lehren, Tagesordnungen, Lebensweisen. – Dagegen hasse ich die dauernden Gewohnheiten und meine, dass ein Tyrann in meine Nähe kommt und dass meine Lebensluft sich verdickt, wo die Ereignisse sich so gestalten, dass dauernde Gewohnheiten daraus mit Nothwendigkeit zu wachsen scheinen: zum Beispiel durch ein Amt, durch ein beständiges Zusammensein mit den selben Menschen, durch einen festen Wohnsitz, durch eine einmalige Art Gesundheit. Ja, ich bin allem meinem Elend und Kranksein, und was nur immer unvollkommen an mir ist, – im untersten Grunde meiner Seele erkenntlich gesinnt, weil dergleichen mir hundert Hinterthüren lässt, durch die ich den dauernden Gewohnheiten entrinnen kann. – Das Unerträglichste freilich, das eigentlich Fürchterliche, wäre mir ein Leben ganz ohne Gewohnheiten, ein Leben, das fortwährend die Improvisation verlangt: – diess wäre meine Verbannung und mein Sibirien.[234]

WENN WIR [die freien Geister] das Wort »Glück« im Sinne unserer Philosophie gebrauchen, so denken wir dabei nicht wie die Müden, Geängstigten und Leidenden unter den Philosophen vorallererst an äußeren und inneren Frieden, an Schmerzlosigkeit, Unbewegtheit, Ungestörtheit, an einen »Sabbat der Sabbate«, an etwas, das dem tiefen Schlafe im Werthe nahe kommen mag. Das Ungewisse vielmehr, das Wechselnde Verwandlungsfähige Vieldeutige ist unsere Welt, eine gefährliche Welt.[235]

* * *

VOR GRAUEN FENSTERSCHEIBEN. – Ist denn Das, was ihr durch diess Fenster von der Welt seht, so schön, dass ihr durchaus durch kein anderes Fenster mehr blicken wollt, – ja selbst Andere davon abzuhalten den Versuch macht?[236]

* * *

ALLES GEWOHNTE zieht ein immer fester werdendes Netz von Spinneweben um uns zusammen; und alsobald merken wir, dass die Fäden zu Stricken geworden sind und dass wir selber als Spinne in der Mitte sitzen, die sich hier gefangen hat und von ihrem eigenen Blute zehren muss. Desshalb hasst der Freigeist alle Gewöhnungen und Regeln, alles Dauernde und Definitive, desshalb reisst er, mit Schmerz, das Netz um sich immer wieder auseinander: wiewohl er in Folge dessen an zahlreichen kleinen und grossen Wunden leiden wird, – denn jene Fäden muss er von sich, von seinem Leibe, seiner Seele abreissen.[237]

* * *

WIR MÜSSEN Verräther werden, Untreue üben, unsere Ideale immer wieder preisgeben. Aus einer Periode des Lebens in die andere schreiten wir nicht, ohne diese Schmerzen des Verrathes zu machen und auch daran wieder zu leiden. Wäre es nöthig, dass wir uns, um diesen Schmerzen zu entgehen, vor den Aufwallungen unserer Empfindung hüten müssten? Würde dann die Welt nicht zu öde, zu gespenstisch für uns werden? Vielmehr wollen wir uns fragen, ob diese Schmerzen bei einem Wechsel der Ueberzeugung nothwendig sind oder ob sie nicht von einer irrthümlichen Meinung und Schätzung abhängen.

Warum bewundert man Den, welcher seiner Ueberzeugung treu bleibt, und verachtet Den, welcher sie wechselt? Ich fürchte, die Antwort muss sein: weil Jedermann voraussetzt, dass nur Motive gemeineren Vortheils oder persönlicher Angst einen solchen Wechsel veranlassen. Das heisst: man glaubt im Grunde, dass Niemand seine Meinungen verändert, so lange sie ihm vortheilhaft sind, oder wenigstens so lange sie ihm keinen Schaden bringen. Steht es aber so, so liegt darin ein schlimmes Zeugniss über die intellectuelle Bedeutung aller Ueberzeugungen. Prüfen wir einmal, wie Ueberzeugungen entstehen, und sehen wir zu, ob sie nicht bei Weitem überschätzt werden: dabei wird sich ergeben, dass auch der Wechsel von Ueberzeugungen unter allen Umständen nach falschem Maasse bemessen wird und dass wir bisher zu viel an diesem Wechsel zu leiden pflegten.[238]

Wer nicht durch verschiedene Ueberzeugungen hindurchgegangen ist, sondern in dem Glauben hängen bleibt, in dessen Netz er sich zuerst verfieng, ist unter allen Umständen eben wegen dieser Unwandelbarkeit ein Vertreter zurückgebliebener Culturen; er ist gemäss diesem Mangel an Bildung (welche immer Bildbarkeit voraussetzt) hart, unverständig, unbelehrbar, ohne Milde, ein ewiger Verdächtiger, ein Unbedenklicher, der zu allen Mitteln greift, seine Meinung durchzusetzen, weil er gar nicht begreifen kann, dass es andere Meinungen geben müsse; er ist, in solchem Betracht, vielleicht eine Kraftquelle und in allzu frei und schlaff gewordenen Culturen sogar heilsam, aber doch nur, weil er kräftig anreizt, ihm Widerpart zu halten: denn dabei wird das zartere Gebilde der neuen Cultur, welche zum Kampf mit ihm gezwungen ist, selber stark.[239]

»Charaktervoll«. – »Was ich einmal gesagt habe, das thue ich« – diese Denkweise gilt als charaktervoll. Wie viele Handlungen werden gethan, nicht weil sie als die vernünftigsten ausgewählt worden sind, sondern weil sie, als sie uns einfielen, auf irgend welche Art unsere Ehrsucht und Eitelkeit gereizt haben, sodass wir dabei verbleiben und sie blindlings durchsetzen! So mehren sie bei uns selber den Glauben an unseren Charakter und unser gutes Gewissen, also, im Ganzen, unsere Kraft: während das Auswählen des möglichst Vernünftigen die Skepsis gegen uns und dermaassen ein Gefühl der Schwäche in uns unterhält.[240]

* * *

TROTZ UND TREUE. – Er hält aus Trotz an einer Sache fest, die ihm durchsichtig geworden ist, – er nennt es aber »Treue«.[241]

* * *

DER FESTE RUF. – Der feste Ruf war ehedem eine Sache der äussersten Nützlichkeit; und wo nur immer die Gesellschaft noch vom Heerden-Instinct beherrscht wird, ist es auch jetzt noch für jeden Einzelnen am zweckmässigsten, seinen Charakter und seine Beschäftigung als unveränderlich *zu geben*, – selbst wenn sie es im Grunde nicht sind. »Man kann sich auf ihn verlassen, er bleibt sich gleich«: – das ist in allen gefährlichen Lagen der Gesellschaft das Lob, welches am meisten zu bedeuten hat. Die Gesellschaft fühlt mit Genugthuung, ein zuverlässiges, jederzeit bereites *Werkzeug* in der Tugend Dieses, in dem Ehrgeize Jenes, in dem Nachdenken und der Leidenschaft des Dritten zu haben, – sie ehrt diese *Werkzeug-Natur*, diess Sich-Treubleiben, diese Unwandelbarkeit in Ansichten, Bestrebungen, und selbst in Untugenden, mit ihren höchsten Ehren. Eine solche Schätzung, welche überall zugleich mit der Sittlichkeit der Sitte blüht und geblüht hat, erzieht »Charaktere« und bringt alles Wechseln, Umlernen, Sich-Verwandeln *in Verruf*. Diess ist nun jedenfalls, mag sonst der Vortheil dieser Denkweise noch so gross sein, für *die Erkenntniss* die allerschädlichste Art des allgemeinen Urtheils: denn gerade der gute Wille des Erkennenden, unverzagt sich jederzeit *gegen* seine bisherige Meinung zu erklären und überhaupt in Bezug auf Alles, was in uns *fest* werden will, misstrauisch zu sein, – ist hier verurtheilt und in Verruf gebracht.[242]

* * *

PHILOSOPHISCH *gesinnt sein*. – Gewöhnlich strebt man darnach, für alle Lebenslagen und Ereignisse *eine* Haltung des Gemüthes, *eine* Gattung von Ansichten zu erwerben, – das nennt man vornehmlich philosophisch gesinnt sein. Aber für die Bereicherung der Erkenntniss mag es höheren Werth haben, nicht in dieser Weise sich zu uniformiren, sondern auf die leise Stimme der verschiedenen Lebenslagen zu hören; diese bringen ihre eigenen Ansichten mit sich. So nimmt man erkennenden Antheil am Leben und Wesen Vieler, indem man sich selber nicht als starres, beständiges, Eines Individuum behandelt.[243]

* * *

Glück des Historikers. – »Wenn wir die spitzfindigen Metaphysiker und Hinterweltler reden hören, fühlen wir Anderen freilich, dass wir die »Armen im Geist« sind, aber auch dass unser das Himmelreich des Wechsels, mit Frühling und Herbst, Winter und Sommer, und jener die Hinterwelt ist, mit ihren grauen, frostigen, unendlichen Nebeln und Schatten.« – So sprach Einer zu sich bei einem Gange in der Morgensonne: Einer, dem bei der Historie nicht nur der Geist, sondern auch das Herz sich immer neu verwandelt und der, im Gegensatze zu den Metaphysikern, glücklich darüber ist, nicht »Eine unsterbliche Seele«, sondern viele sterbliche Seelen in sich zu beherbergen.[244]

* * *

Wir dürfen nicht Einen Zustand wollen, sondern müssen periodische Wesen werden wollen = gleich dem Dasein.[245]

* * *

Saugt eure Lebenslagen und Zufälle aus – und geht dann in andere über! Es genügt nicht, Ein Mensch zu sein, wenn es gleich der nothwendige Anfang ist! Es hieße zuletzt doch, euch aufzufordern, beschränkt zu werden! Aber aus Einem in einen Anderen übergehen und eine Reihe von Wesen durchleben![246]

Ebbe und Fluth zu benutzen. – Man muss zum Zwecke der Erkenntniss jene innere Strömung zu benutzen wissen, welche uns zu einer Sache hinzieht und wiederum jene, welche uns nach einer Zeit von der Sache fortzieht.[247]

* * *

Zu Gunsten der Kritik. – Jetzt erscheint dir Etwas als Irrthum, das du ehedem als eine Wahrheit oder Wahrscheinlichkeit geliebt hast: du stösst es von dir ab und wähnst, dass deine Vernunft darin einen Sieg erfochten habe. Aber vielleicht war jener Irrthum damals, als du noch ein Anderer warst – du bist immer ein Anderer –, dir ebenso nothwendig wie alle deine jetzigen »Wahrheiten«, gleichsam als eine Haut, die dir Vieles verhehlte und verhüllte, was du noch nicht sehen durftest. Dein neues Leben hat jene Meinung für dich getödtet, nicht deine Vernunft: du brauchst sie nicht mehr, und nun bricht sie in sich selbst zusammen, und die Unvernunft kriecht wie ein Gewürm aus ihr an's Licht. Wenn wir Kritik üben, so ist es nichts Willkürliches und Unpersönliches, – es ist, wenigstens sehr oft, ein Beweis davon, dass lebendige treibende Kräfte in uns da sind, welche eine Rinde abstossen. Wir verneinen und müssen verneinen, weil Etwas in uns leben und sich bejahen will, Etwas, das wir vielleicht noch nicht kennen, noch nicht sehen! – Diess zu Gunsten der Kritik.[248]

* * *

Wir Unverständlichen. (...) Man verwechselt uns – das macht, wir selbst wachsen, wir wechseln fortwährend, wir stossen alte Rinden ab, wir häuten uns mit jedem Frühjahre noch, wir werden immer jünger, zukünftiger, höher, stärker, wir treiben unsre Wurzeln immer mächtiger in die Tiefe – in's Böse –, während wir zugleich den Himmel immer liebevoller, immer breiter umarmen und sein Licht immer durstiger mit allen unsren Zweigen und Blättern in uns hineinsaugen. Wir wachsen wie Bäume – das ist schwer zu verstehn, wie alles Leben! – nicht an Einer Stelle, sondern überall, nicht in Einer Richtung, sondern ebenso hinauf, hinaus wie hinein und hinunter.[249]

Sich häuten. – Die Schlange, welche sich nicht häuten kann, geht zu Grunde. Ebenso die Geister, welche man verhindert, ihre Meinungen zu wechseln; sie hören auf, Geist zu sein.[250]

* * *

Die Freunde als Gespenster. – Wenn wir uns stark verwandeln, dann werden unsere Freunde, die nicht verwandelten, zu Gespenstern unserer eigenen Vergangenheit: ihre Stimme tönt schattenhaft-schauerlich zu uns heran – als ob wir uns selber hörten, aber jünger, härter, ungereifter.[251]

* * *

[An Carl Fuchs, 14.12.1887]

Wie alt ich eigentlich schon bin? Ich weiß es nicht; ebensowenig, wie jung ich noch sein werde.[252]

# 11.

## »*Wenn ihr Augen habt zu sehen, so gebraucht auch den Mund zu sagen: ›ich sah es anders‹«* – Spannungen aushalten

*Der Mut, sich und die eigenen Überzeugungen immer wieder in Frage zu stellen und zu revidieren, befähigt uns nicht nur, fremde Positionen zu achten; er schafft mit der Achtung des anderen zugleich die Voraussetzung, den jeweils eigenen Standort im Vergleich mit anderen Standpunkten klarer zu konturieren, zu stärken und zu vertiefen.*

*Weiterhin eröffnet Wandlungsfähigkeit ein besseres Verständnis für ein Zeitalter, das sich als »Interim-Zustand« präsentiert, in dem Altes und Neues heftiger denn je aufeinanderprallen, in dem die rasche Abfolge und das konfliktreiche Nebeneinander verschiedener Weltanschauungen, Überzeugungen, Ideologien und Kulturströmungen den Menschen feste, dauerhafte Orientierungen erschweren und ihnen leicht das panikartige Gefühl vermitteln, im Chaos zu versinken.*

*Wer aber bereits bewußt durch eine Reihe von Meinungen, Überzeugungen, Glaubensformen hindurchgegangen ist, wer viel erlebt, verdaut oder wieder von sich verabschiedet hat, weiß um die Relativität aller Perspektiven. Er wird sich vielleicht, einem Tänzer gleich, zu jener Leichtigkeit und Geschmeidigkeit aufschwingen, die es ihm erlaubt, zwischen verschiedenen Grundstellungen zum Leben nicht hin- und herzuschwanken, wohl aber eine tänzerische Balance zu halten. Nicht zuletzt in solch spielerischer Enthaltsamkeit gegenüber jeder Form sich absolut setzender Weltbetrachtung bekundet sich Nietzsche zufolge die Anlage zu einer höheren Kultur.*

TROSTREDE eines desperaten Fortschritts. – Unsere Zeit macht den Eindruck eines Interim-Zustandes; die alten Weltbetrachtungen, die alten Culturen sind noch theilweise vorhanden, die neuen noch nicht sicher und gewohnheitsmässig und daher ohne Geschlossenheit und Consequenz. Es sieht aus, als ob Alles chaotisch würde, das Alte verloren gienge, das Neue nichts tauge und immer schwächlicher werde (...) Wir schwanken, aber es ist nöthig, dadurch nicht ängstlich zu werden und das Neu-Errungene etwa preiszugeben. Ueberdiess können wir in's Alte nicht zurück, wir haben die Schiffe verbrannt; es bleibt nur übrig, tapfer zu sein, mag nun dabei diess oder jenes herauskommen.[253]

* * *

GLEICHNISS VOM TANZE. – Jetzt ist es als das entscheidende Zeichen grosser Cultur zu betrachten, wenn Jemand jene Kraft und Biegsamkeit besitzt, um ebenso rein und streng im Erkennen zu sein als, in andern Momenten, auch befähigt, der Poesie, Religion und Metaphysik gleichsam hundert Schritte vorzugeben und ihre Gewalt und Schönheit nachzuempfinden. Eine solche Stellung zwischen zwei so verschiedenen Ansprüchen ist sehr schwierig, denn die Wissenschaft drängt zur absoluten Herrschaft ihrer Methode, und wird diesem Drängen nicht nachgegeben, so entsteht die andere Gefahr eines schwächlichen Auf- und Niederschwankens zwischen verschiedenen Antrieben. Indessen: um wenigstens mit einem Gleichniss einen Blick auf die Lösung dieser Schwierigkeit zu eröffnen, möge man sich doch daran erinnern, dass der Tanz nicht das Selbe wie ein mattes Hin- und Hertaumeln zwischen verschiedenen Antrieben ist. Die hohe Cultur wird einem kühnen Tanze ähnlich sehen: wesshalb, wie gesagt, viel Kraft und Geschmeidigkeit noth thut.[254]

* * *

WER DIE VERNÜNFTIGKEIT vorwärts stößt, treibt damit die entgegengesetzte Macht auch wieder zu neuer Kraft, die Mystik und Narrheit aller Art.[255]

DER GUTE MENSCH. Oder: die Hemiplegie der Tugend. – Für jede starke und Natur gebliebene Art Mensch gehört Liebe und Haß, Dankbarkeit und Rache, Güte und Zorn, Ja-thun und Nein-thun zu einander. Man ist gut, um den Preis, daß man auch böse zu sein weiß; man ist böse, weil man sonst nicht gut zu sein verstünde. Woher nun jene Erkrankung und ideologische Unnatur, welche diese Doppelheit ablehnt –, welche als das Höhere lehrt, nur halbseitig tüchtig zu sein? Woher die Hemiplegie der Tugend, die Erfindung des guten Menschen? (...)

Geht sie auf ihren Gipfel, so denkt sie sich einen Zustand aus, wo alles Böse annullirt ist und wo in Wahrheit nur die guten Wesen übrig geblieben sind. Sie hält es also nicht einmal für ausgemacht, daß jener Gegensatz von Gut und Böse sich gegenseitig bedinge; (...)

Diese Denkweise, mit der ein bestimmter Typus Mensch gezüchtet wird, geht von jener absurden Voraussetzung aus: sie nimmt das Gute und das Böse als Realitäten, die mit sich im Widerspruch sind (nicht als complementäre Werthbegriffe, was die Wahrheit wäre), sie räth die Partei des Guten zu nehmen, sie verlangt, daß der Gute dem Bösen bis in die letzte Wurzel entsagt und widerstrebt, – sie verneint thatsächlich damit das Leben, welches in allen seinen Instinkten sowohl das Ja wie das Nein hat.[256]

GEGEN die Tyrannei des Wahren. – Selbst wenn wir so toll wären, alle unsere Meinungen für wahr zu halten, so würden wir doch nicht wollen, dass sie allein existirten – : ich wüsste nicht, warum die Alleinherrschaft und Allmacht der Wahrheit zu wünschen wäre; mir genügte schon, dass sie eine grosse Macht habe. Aber sie muss kämpfen können und eine Gegnerschaft haben, und man muss sich von ihr im Unwahren ab und zu erholen können, – sonst wird sie uns langweilig, kraft- und geschmacklos werden und uns eben dazu auch machen.[257]

HOFFENTLICH giebt es noch genug von solchen, welche wissen was ein olympisches Gelächter ist: es entsteht, wenn jemand erleichtert darüber ist, daß Andere nicht seinen Geschmack theilen.[258]

Inwiefern der Denker seinen Feind liebt. – Nie Etwas zurückhalten oder dir verschweigen, was gegen deinen Gedanken gedacht werden kann! Gelobe es dir! Es gehört zur ersten Redlichkeit des Denkens. Du musst jeden Tag auch deinen Feldzug gegen dich selber führen.[259]

* * *

So lange die Denker ihre Erkenntnisse als ihre Erzeugnisse betrachten, so lange noch jene lächerliche Vater-Eitelkeit in ihnen wüthet, wird die Widerlegung die Dornenkrone der Philosophen sein – wie viele haben sie schon tragen müssen! – während ein Freund der Wahrheit, das heißt ein Feind des Betrogenwerdens, das heißt ein Freund der Unabhängigkeit, bei einer Widerlegung ausrufen sollte: ich bin einer großen Gefahr entronnen, fast hätte ich mich in meiner eigenen Schlinge erdrosselt.[260]

* * *

Widersprechen können. – Jeder weiss jetzt, dass Widerspruch-Vertragen-können ein hohes Zeichen von Cultur ist. Einige wissen sogar, dass der höhere Mensch den Widerspruch gegen sich wünscht und hervorruft, um einen Fingerzeig über seine ihm bisher unbekannte Ungerechtigkeit zu bekommen. Aber das Widersprechen-Können, das erlangte gute Gewissen bei der Feindseligkeit gegen das Gewohnte, Ueberlieferte, Geheiligte, – das ist mehr als jenes Beides und das eigentlich Grosse, Neue, Erstaunliche unserer Cultur, der Schritt aller Schritte des befreiten Geistes: wer weiss das?[261]

* * *

Lauter Fragen der Kraft: wie weit sich durchsetzen gegen die Erhaltungsbedingungen der Gesellschaft und deren Vorurtheile? – wie weit seine furchtbaren Eigenschaften entfesseln, an denen die Meisten zu Grunde gehn? – wie weit der Wahrheit entgegengehn und sich die fragwürdigsten Seiten derselben zu Gemüthe führen? – wie weit dem Leiden, der Selbstverachtung, dem Mitleiden, der Krankheit, dem Laster entgegengehn, mit dem Fragezeichen, ob man darüber Herr werden wird? (…) – endlich: wie weit der Regel, dem Gemeinen, dem Kleinlichen, Guten, Rechtschaffenen der Durchschnitts-Natur Recht geben bei sich, ohne sich damit vulgarisiren zu lassen?[262]

IM FEUER der Verachtung. – Es ist ein neuer Schritt zum Selbständigwerden, wenn man erst Ansichten zu äussern wagt, die als schmählich für Den gelten, welcher sie hegt; da pflegen auch die Freunde und Bekannten ängstlich zu werden. Auch durch dieses Feuer muss die begabte Natur hindurch; sie gehört sich hinterdrein noch vielmehr selber an.[263]

DER EINFLUSSREICHSTE. – Dass ein Mensch seiner ganzen Zeit Widerstand leistet, sie am Thore aufhält und zur Rechenschaft zieht, das muss Einfluss üben! Ob er es will, ist gleichgültig; dass er es kann, ist die Sache.[264]

ANGREIFEN oder eingreifen. – Wir machen häufig den Fehler, eine Richtung oder Partei oder Zeit lebhaft anzufeinden, weil wir zufällig nur ihre veräusserlichte Seite, ihre Verkümmerung oder die ihnen nothwendig anhaftenden »Fehler ihrer Tugenden« zu sehen bekommen, – vielleicht weil wir selbst an diesen vornehmlich theilgenommen haben. Dann wenden wir ihnen den Rücken und suchen eine entgegengesetzte Richtung; aber das Bessere wäre, die starken guten Seiten aufzusuchen oder an sich selber auszubilden. Freilich gehört ein kräftigerer Blick und besserer Wille dazu, das Werdende und Unvollkommene zu fördern, als es in seiner Unvollkommenheit zu durchschauen und zu verleugnen.[265]

VERDERBLICH. – Man verdirbt einen Jüngling am sichersten, wenn man ihn anleitet, den Gleichdenkenden höher zu achten, als den Andersdenkenden.[266]

Liebe und Zweiheit. – Was ist denn Liebe anders als verstehen und sich darüber freuen, dass ein Andrer in andrer und entgegengesetzter Weise, als wir, lebt, wirkt und empfindet? Damit die Liebe die Gegensätze durch Freude überbrücke, darf sie dieselben nicht aufheben, nicht leugnen. – Sogar die Selbstliebe enthält die unvermischbare Zweiheit (oder Vielheit) in Einer Person als Voraussetzung.[267]

# 12.

# »Bleiben wir in uns hängen, woran sollten wir wachsen!« – Das Ich und die Anderen

*Zu den wichtigsten Ernährungs- und Wachstumsbedingungen des Einzelnen zählt Nietzsche die Beziehungen zu anderen Menschen. Diese bauen sich schrittweise auf: Zunächst einmal müssen wir überhaupt für die Fremdheit des Anderen ein Sensorium, eine Wahrnehmungsfähigkeit entwickeln. Mit ihr wächst die Bereitschaft, uns auf diese Fremdheit geduldig einzulassen, bis sie sich uns irgendwann in der ihr eigentümlichen Schönheit erschließt und wir sie am Ende nicht mehr missen möchten. So lernen wir lieben und belohnen uns selbst dabei mit der doppelten Freude, die wir empfinden und im Gegenüber zu wecken vermögen.*

*Aber die Fähigkeit der Liebe zu Anderen setzt für Nietzsche unbedingt Eigenliebe voraus. Wer nicht »egoistisch« ist, also sich selbst nicht akzeptieren und lieben kann, wer sich verachtet und haßt, kann keinen Mitmenschen wirklich lieben. Sein fehlendes Selbstwertgefühl macht ihn für die Anderen gefährlich, sieht er doch oft kein anderes Mittel, sich aus dem Gefühl der eigenen Erbärmlichkeit zu erheben, als durch die Erniedrigung anderer. Es ist daher durchaus keine Selbstlosigkeit, alle Anstrengung zu unternehmen, um den Menschen zur Selbstliebe zu leiten.*

*Nietzsches Überlegungen zum Thema der zwischenmenschlichen Beziehungen sind nicht nur von einem weitreichenden Interesse an psychischen Prozessen bestimmt. Sie finden auch in erkenntnistheoretischen Erwägungen ihren Niederschlag. »Was begreifen wir denn von unserem Nächsten?« fragt sich der Philosoph. Wird uns sein innerstes Wesen überhaupt je zugänglich? Oder bleibt er nicht das, was unsere Projektionen – gewonnen aus den Gefühlen und Reaktionen, die er in uns auslöst – aus ihm machen? Die Überlegung, daß in dieser Weise jede menschliche Beziehung letztlich auf einer Art Täuschung und Selbsttäuschung basieren könnte, führt bei Nietzsche jedoch nicht zur Resignation. Sie eröffnet auch positive Möglichkeiten: Zum einen könnten wir – im Bewußtsein, unserer Umgebung letztlich ein Rätsel zu bleiben – uns von den Abhängigkeiten ihrer Urteile über uns leichter befreien. Umgekehrt sollte es uns unter diesem Blickwinkel leichter fallen, Zurückhaltung in der Beurteilung anderer zu üben, ihnen mit Bescheidenheit und dem Bewußtsein zu begegnen, daß sie immer noch zu entdecken sind.*

Lieben lernen. – Man muss lieben lernen, gütig sein lernen, und diess von Jugend auf; wenn Erziehung und Zufall uns keine Gelegenheit zur Uebung dieser Empfindungen geben, so wird unsere Seele trocken und selbst zu einem Verständnisse jener zarten Erfindungen liebevoller Menschen ungeeignet. Ebenso muss der Hass gelernt und genährt werden, wenn Einer ein tüchtiger Hasser werden will: sonst wird auch der Keim dazu allmählich absterben.[268]

Man muss lieben lernen. – So geht es uns in der Musik: erst muss man eine Figur und Weise überhaupt hören lernen, heraushören, unterscheiden, als ein Leben für sich isoliren und abgrenzen; dann braucht es Mühe und guten Willen, sie zu ertragen, trotz ihrer Fremdheit, Geduld gegen ihren Blick und Ausdruck, Mildherzigkeit gegen das Wunderliche an ihr zu üben: – endlich kommt ein Augenblick, wo wir ihrer gewohnt sind, wo wir sie erwarten, wo wir ahnen, dass sie uns fehlen würde, wenn sie fehlte; und nun wirkt sie ihren Zwang und Zauber fort und fort und endet nicht eher, als bis wir ihre demüthigen und entzückten Liebhaber geworden sind, die nichts Besseres von der Welt mehr wollen, als sie und wieder sie. – So geht es uns aber nicht nur mit der Musik: gerade so haben wir alle Dinge, die wir jetzt lieben, lieben gelernt. Wir werden schließlich immer für unseren guten Willen, unsere Geduld, Billigkeit, Sanftmüthigkeit gegen das Fremde belohnt, indem das Fremde langsam seinen Schleier abwirft und sich als neue unsägliche Schönheit darstellt: – es ist sein Dank für unsere Gastfreundschaft. Auch wer sich selber liebt, wird es auf diesem Wege gelernt haben: es giebt keinen anderen Weg. Auch die Liebe muss man lernen.[269]

Freude an fremder Originalität haben, ohne der Affe derselben zu werden, wird vielleicht einmal das Zeichen einer neuen Cultur sein.[270]

Das Reich der Schönheit ist grösser. – Wie wir in der Natur herumgehen, listig und froh, um die Allem eigene Schönheit zu entdecken und gleichsam auf der That zu ertappen, wie wir bald bei Sonnenschein, bald bei gewitterhaftem Himmel, bald in der bleichsten Dämmerung einen Versuch machen, jenes Stück Küste mit Felsen, Meerbuchten, Ölbäumen und Pinien so zu sehen, wie es zu seiner Vollkommenheit und Meisterschaft kommt: so sollten wir auch unter den Menschen umhergehen, als ihre Entdecker und Ausspäher, Gutes und Böses ihnen erweisend, damit die ihnen eigene Schönheit sich offenbare, welche bei Diesem sonnenhaft, bei Jenem gewitterhaft und bei einem Dritten erst in der halben Nacht und bei Regenhimmel sich entfaltet. Ist es denn verboten, den bösen Menschen als eine wilde Landschaft zu geniessen, die ihre eigenen kühnen Linien und Lichtwirkungen hat, wenn der selbe Mensch, solange er sich gut und gesetzlich stellt, unserm Auge wie eine Verzeichnung und Carricatur erscheint und als ein Flecken in der Natur uns Pein macht? – Ja, es ist verboten: bisher war es nur erlaubt, im Moralisch-Guten nach Schönheit zu suchen, – Grund genug, dass man so Wenig gefunden und sich so viel nach imaginären Schönheiten ohne Knochen hat umthun müssen! – So gewiss es hundert Arten von Glück bei den Bösen giebt, von denen die Tugendhaften Nichts ahnen, so giebt es an ihnen auch hundert Arten von Schönheit: und viele sind noch nicht entdeckt.[271]

* * *

Bleiben wir in uns hängen, woran sollten wir wachsen und reicher werden! Zur Nahrung haben wir die Lust am Fremden, eben an der Nahrung nöthig. Die Lust am Menschen ist unserer Nahrung wegen nöthig.[272]

* * *

Lust und socialer Instinct. – Aus seinen Beziehungen zu andern Menschen gewinnt der Mensch eine neue Gattung von Lust zu jenen Lustempfindungen hinzu, welche er aus sich selber nimmt; wodurch er das Reich der Lustempfindung überhaupt bedeutend umfänglicher macht (...)

Die Lustempfindung auf Grund menschlicher Beziehungen macht im Allgemeinen den Menschen besser; die gemeinsame Freude, die

Lust mitsammen genossen, erhöht dieselbe, sie giebt dem Einzelnen Sicherheit, macht ihn gutmüthiger, löst das Misstrauen, den Neid: denn man fühlt sich selber wohl und sieht den Andern in gleicher Weise sich wohl fühlen. Die gleichartigen Aeusserungen der Lust erwecken die Phantasie der Mitempfindung, das Gefühl etwas Gleiches zu sein: das Selbe thun auch die gemeinsamen Leiden, die selben Unwetter, Gefahren, Feinde. Darauf baut sich dann wohl das älteste Bündniss auf: dessen Sinn die gemeinsame Beseitigung und Abwehr einer drohenden Unlust zum Nutzen jedes Einzelnen ist. Und so wächst der sociale Instinct aus der Lust heraus.[273]

* * *

MAN SOLL auch die kleinste Berührung mit Menschen benützen, um seinen gerechten und wohlwollenden Sinn zu üben.[274]

* * *

ZURÜCKGEBLIEBENE und vorwegnehmende Menschen. – (…)

Ein (…) Charakter, welcher reich an Mitfreude ist, überall Freunde gewinnt, alles Wachsende und Werdende liebevoll empfindet, alle Ehren und Erfolge Anderer mitgeniesst und kein Vorrecht, das Wahre allein zu erkennen, in Anspruch nimmt, sondern voll eines bescheidenen Misstrauens ist, – das ist ein vorwegnehmender Mensch, welcher einer höheren Cultur der Menschen entgegenstrebt.[275]

* * *

FREUND. – Mitfreude, nicht Mitleiden, macht den Freund.[276]

* * *

DES TAGES ERSTER GEDANKE. – Das beste Mittel, jeden Tag gut zu beginnen, ist: beim Erwachen daran zu denken, ob man nicht wenigstens einem Menschen an diesem Tage eine Freude machen könne. Wenn diess als ein Ersatz für die religiöse Gewöhnung des Gebetes gelten dürfte, so hätten die Mitmenschen einen Vortheil bei dieser Aenderung.[277]

ANDERN FREUDE MACHEN. – Warum geht Freudemachen über alle Freuden? – Weil man damit seinen fünfzig eignen Trieben auf Einmal eine Freude macht. Es mögen das einzeln sehr kleine Freuden sein: aber thut man sie alle in Eine Hand, so hat man die Hand voller, als jemals sonst, – und das Herz auch![278]

* * *

HAUSFRIEDEN und Seelenfrieden. – Unsere gewöhnliche Stimmung hängt von der Stimmung ab, in der wir unsere Umgebung zu erhalten wissen.[279]

* * *

GEFÄHRLICHSTES VERLERNEN. – Man fängt damit an, zu verlernen, Andere zu lieben und hört damit auf, an sich nichts Liebenswerthes mehr zu finden.[280]

* * *

ERSTENS ist ein Wesen, welches einzig rein unegoistischer Handlungen fähig wäre, noch fabelhafter als der Vogel Phönix; es ist deutlich nicht einmal vorzustellen, schon desshalb, weil der ganze Begriff »unegoistische Handlung« bei strenger Untersuchung in die Luft verstiebt. Nie hat ein Mensch Etwas gethan, das allein für Andere und ohne jeden persönlichen Beweggrund gethan wäre; ja wie sollte er Etwas *thun* können, das ohne Bezug zu ihm wäre, also ohne innere Nöthigung (welche ihren Grund doch in einem persönlichen Bedürfniss haben müsste)? Wie vermöchte das ego ohne ego zu handeln? (...) wobei man sich an einen Gedanken Lichtenberg's (...) erinnern sollte: »Wir können unmöglich für Andere *fühlen*, wie man zu sagen pflegt; wir fühlen nur für uns. Der Satz klingt hart, er ist es aber nicht, wenn er nur recht verstanden wird. Man liebt weder Vater, noch Mutter, noch Frau, noch Kind, sondern die angenehmen Empfindungen, die sie uns machen«.[281]

Seinen Dämon nicht in die Nächsten fahren lassen! – Bleiben wir immerhin für unsere Zeit dabei, dass Wohlwollen und Wohlthun den guten Menschen ausmache; nur lasst uns hinzufügen: »vorausgesetzt, dass er zuerst gegen sich selber wohlwollend und wohlthuend gesinnt sei!« Denn ohne Dieses – wenn er vor sich flieht, sich hasst, sich Schaden zufügt – ist er gewiss kein guter Mensch. Dann rettet er sich nur in die Anderen, vor sich selber: mögen diese Anderen zusehen, dass sie nicht schlimm dabei fahren, so wohl er ihnen anscheinend auch will! – Aber gerade Diess: das ego fliehen und hassen und im Anderen, für den Anderen leben – hat man bisher, ebenso gedankenlos als zuversichtlich, »unegoistisch« und folglich »gut« geheissen![282]

Zur Liebe verführen. – Wer sich selber hasst, den haben wir zu fürchten, denn wir werden die Opfer seines Grolls und seiner Rache sein. Sehen wir also zu, wie wir ihn zur Liebe zu sich selber verführen![283]

Unmuth über Andere und die Welt. – Wenn wir, wie so häufig, unsern Unmuth an Anderen auslassen, während wir ihn eigentlich über uns empfinden, erstreben wir im Grunde eine Umnebelung und Täuschung unseres Urtheils: wir wollen diesen Unmuth a posteriori motiviren durch die Versehen, Mängel der Anderen und uns selber so aus den Augen verlieren.[284]

Sich über seine Erbärmlichkeit zu heben. – Das sind mir stolze Gesellen, die, um das Gefühl ihrer Würde und Wichtigkeit herzustellen, immer erst Andere brauchen, die sie anherrschen und vergewaltigen können: Solche nämlich, deren Ohnmacht und Feigheit es erlaubt, dass Einer vor ihnen ungestraft erhabene und zornige Gebärden machen kann! – sodass sie die Erbärmlichkeit ihrer Umgebung nöthig haben, um sich auf einen Augenblick über die eigene Erbärmlichkeit zu heben! – Dazu hat Mancher einen Hund, ein Andrer einen

Freund, ein Dritter eine Frau, ein Vierter eine Partei und ein sehr Seltener ein ganzes Zeitalter nöthig.[285]

* * *

Was ist denn der Nächste! – Was begreifen wir denn von unserem Nächsten, als seine Gränzen, ich meine, Das, womit er sich auf und an uns gleichsam einzeichnet und eindrückt? Wir begreifen Nichts von ihm, als die Veränderungen an uns, deren Ursache er ist, – unser Wissen von ihm gleicht einem hohlen geformten Raume. Wir legen ihm die Empfindungen bei, die seine Handlungen in uns hervorrufen, und geben ihm so eine falsche umgekehrte Positivität. Wir bilden ihn nach unserer Kenntniss von uns, zu einem Satelliten unseres eigenen Systems: und wenn er uns leuchtet oder sich verfinstert, und wir von Beidem die letzte Ursache sind, – so glauben wir doch das Gegentheil! Welt der Phantome, in der wir leben! Verkehrte, umgestülpte, leere, und doch voll und gerade geträumte Welt![286]

* * *

Wir machen es auch im Wachen wie im Traume: wir erfinden und erdichten erst den Menschen, mit dem wir verkehren – und vergessen es sofort.[287]

* * *

Die lange Liebe ist deshalb möglich – auch wenn sie glücklich ist – weil ein Mensch nicht leicht zu Ende zu besitzen, zu Ende zu erobern ist – es thun sich immer neue, noch unentdeckte Gründe und Hinterräume der Seele auf, und auch nach diesen streckt sich die unendliche Habsucht der Liebe aus. – Aber die Liebe endet, sobald wir das Wesen als begrenzt empfinden.

Der Conflikt der langen und der kurzen Leidenschaft entsteht, wenn der Eine den Anderen zu Ende zu besitzen glaubt und der Andere noch nicht – da wendet jener sich ab, entzieht sich und reizt nun durch die Ferne den Anderen noch mehr auf, neue Werthe zu suchen – zuletzt oft mit dem Entschluß, ihn lieber zu tödten, als einen Anderen in den Besitz kommen zu lassen.[288]

Dinge, die man dauernd lieb haben will, muß man ein wenig unter ihrem wahren Werthe ansetzen: man darf nie ganz wissen, was sie sind. Wehe dem, der übertreibt! Er verliert jedes Kleinod: falls er nämlich aus der Stimmung der Übertreibung in ihren Gegensatz geräth.[289]

* * *

Gefahr in der Bewunderung. – Man kann aus allzugrosser Bewunderung für fremde Tugenden den Sinn für seine eigenen und, durch Mangel an Uebung, zuletzt diese selbst verlieren, ohne die fremden dafür zum Ersatz zu erhalten.[290]

* * *

Von den Freunden. – Ueberlege nur mit dir selber einmal, wie verschieden die Empfindungen, wie getheilt die Meinungen selbst unter den nächsten Bekannten sind; wie selbst gleiche Meinungen in den Köpfen deiner Freunde eine ganz andere Stellung oder Stärke haben, als in deinem; wie hundertfältig der Anlass kommt zum Missverstehen, zum feindseligen Auseinanderfliehen. Nach alledem wirst du dir sagen: wie unsicher ist der Boden, auf dem alle unsere Bündnisse und Freundschaften ruhen, wie nahe sind kalte Regengüsse oder böse Wetter, wie vereinsamt ist jeder Mensch! Sieht Einer diess ein und noch dazu, dass alle Meinungen und deren Art und Stärke bei seinen Mitmenschen ebenso nothwendig und unverantwortlich sind wie ihre Handlungen, gewinnt er das Auge für diese innere Nothwendigkeit der Meinungen aus der unlösbaren Verflechtung von Charakter, Beschäftigung, Talent, Umgebung, so wird er vielleicht die Bitterkeit und Schärfe jener Empfindung los, mit der jener Weise rief: »Freunde, es giebt keine Freunde!« Er wird sich vielmehr eingestehen: ja es giebt Freunde, aber der Irrthum, die Täuschung über dich führte sie dir zu; und Schweigen müssen sie gelernt haben, um dir Freund zu bleiben; denn fast immer beruhen solche menschliche Beziehungen darauf, dass irgend ein paar Dinge nie gesagt werden, ja dass an sie nie gerührt wird; kommen diese Steinchen aber in's Rollen, so folgt die Freundschaft hinterdrein und zerbricht. Giebt es Menschen, welche nicht tödtlich zu verletzen sind, wenn sie erführen, was ihre vertrautesten Freunde im Grunde von ihnen wissen? – Indem wir uns selbst erkennen und unser Wesen selber als eine wandelnde Sphäre der Meinungen und Stimmungen ansehen und somit ein Wenig geringschätzen lernen, bringen wir uns wieder in's Gleichgewicht mit den Uebrigen.[291]

* * *

Zwiegespräch. – Das Zwiegespräch ist das vollkommene Gespräch, weil Alles, was der Eine sagt, seine bestimmte Farbe, seinen Klang, seine begleitende Gebärde in strenger Rücksicht auf den Anderen, mit dem gesprochen wird, erhält, also dem entsprechend, was beim Briefverkehr geschieht, dass ein und der selbe zehn Arten des seelischen Ausdrucks zeigt, je nachdem er bald an Diesen, bald an Jenen schreibt. Beim Zwiegespräch giebt es nur eine einzige Strahlenbrechung des Gedankens: diese bringt der Mitunterredner hervor, als der Spiegel, in welchem wir unsere Gedanken möglichst schön wiedererblicken wollen. Wie aber ist es bei zweien, bei dreien und mehr Mitunterrednern? Da verliert nothwendig das Gespräch an individualisirender Feinheit, die verschiedenen Rücksichten kreuzen sich, heben sich auf; die Wendung, welche dem Einen wohlthut, ist nicht der Sinnesart des Andern gemäss. Desshalb wird der Mensch im Verkehr mit Mehreren gezwungen, sich auf sich zurückzuziehen, die Thatsachen hinzustellen, wie sie sind, aber jenen spielenden Aether der Humanität den Gegenständen zu nehmen, welcher ein Gespräch zu den angenehmsten Dingen der Welt macht.[292]

* * *

Der Eine sucht einen Geburtshelfer für seine Gedanken, der Andre Einen, dem er helfen kann: so entsteht ein gutes Gespräch.[293]

* * *

Es geht eine falsche Rede: »wer sich selber nicht erlöst, wie kann er die Anderen erlösen?« Wenn ich den Schlüssel zu deinen Ketten habe, warum müßte dein und mein Schloß dasselbe sein?[294]

EITELKEIT. – (…) Der Einzelne will gewöhnlich durch die Meinung Anderer die Meinung, die er von sich hat, beglaubigen und vor sich selber bekräftigen; aber die mächtige Gewöhnung an Autorität – eine Gewöhnung, die so alt als der Mensch ist – bringt Viele auch dazu, ihren eigenen Glauben an sich auf Autorität zu stützen, also erst aus der Hand Anderer anzunehmen: sie trauen der Urtheilskraft Anderer mehr, als der eigenen.[295]

* * *

DIE EITELN. – Wir sind wie Schauläden, in denen wir selber unsere angeblichen Eigenschaften, welche Andere uns zusprechen, fortwährend anordnen, verdecken oder in's Licht stellen, – um uns zu betrügen.[296]

* * *

WAS ANDERE von uns wissen. – Das, was wir von uns selber wissen und im Gedächtniss haben, ist für das Glück unseres Lebens nicht so entscheidend, wie man glaubt. Eines Tages stürzt Das, was Andere von uns wissen (oder zu wissen meinen) über uns her – und jetzt erkennen wir, dass es das Mächtigere ist. Man wird mit seinem schlechten Gewissen leichter fertig, als mit seinem schlechten Rufe.[297]

* * *

OHNE EITELKEIT. – Leidenschaftliche Menschen denken wenig an Das, was die Anderen denken, ihr Zustand erhebt sie über die Eitelkeit.[298]

* * *

DIE WEISHEIT ohne Ohren. – Täglich zu hören, was über uns gesprochen wird, oder gar zu ergrübeln, was über uns gedacht wird, – das vernichtet den stärksten Mann. Darum lassen uns ja die Anderen leben, um täglich über uns Recht zu behalten! Sie würden uns ja nicht aushalten, wenn wir gegen sie Recht hätten oder gar haben wollten! Kurz, bringen wir der allgemeinen Verträglichkeit das Opfer, horchen wir nicht hin, wenn über uns geredet, gelobt, getadelt, gewünscht, gehofft wird, denken wir auch nicht einmal daran![299]

* * *

Die Farbe der Umgebung annehmen. – Warum ist Neigung und Abneigung so ansteckend, dass man kaum in der Nähe einer stark empfindenden Person leben kann, ohne wie ein Gefäss mit ihrem Für und Wider angefüllt zu werden? Erstens ist die völlige Enthaltung des Urtheils sehr schwer, mitunter für unsere Eitelkeit geradezu unerträglich; sie trägt da gleiche Farbe mit der Gedanken- und Empfindungsarmuth oder mit der Aengstlichkeit, der Unmännlichkeit: und so werden wir wenigstens dazu fortgerissen, Partei zu nehmen, vielleicht gegen die Richtung unserer Umgebung, wenn diese Stellung unserm Stolze mehr Vergnügen macht. Gewöhnlich aber – das ist das Zweite – bringen wir uns den Uebergang von Gleichgültigkeit zu Neigung oder Abneigung gar nicht zum Bewusstsein, sondern allmählich gewöhnen wir uns an die Empfindungsweise unserer Umgebung, und weil sympathisches Zustimmen und Sichverstehen so angenehm ist, tragen wir bald alle Zeichen und Parteifarben dieser Umgebung.[300]

* * *

Seltnere Enthaltsamkeit. – Es ist oft kein geringes Zeichen von Humanität, einen Andern nicht beurtheilen zu wollen und sich zu weigern, über ihn zu denken.[301]

* * *

Seine »Einzelheit« kennen. – Wir vergessen zu leicht, dass wir im Auge fremder Menschen, die uns zum ersten Male sehen, etwas ganz Anderes sind, als Das, wofür wir uns selber halten: meistens Nichts mehr, als eine in die Augen springende Einzelheit, welche den Eindruck bestimmt. So kann der sanftmüthigste und billigste Mensch, wenn er nur einen grossen Schnurrbart hat, gleichsam im Schatten desselben sitzen, und ruhig sitzen, – die gewöhnlichen Augen sehen in ihm den Zubehör zu einem grossen Schnurrbart, will sagen: einen militärischen, leicht aufbrausenden, unter Umständen gewaltsamen Charakter – und benehmen sich darnach vor ihm.[302]

Hinterfragen. – Bei Allem, was ein Mensch sichtbar werden lässt, kann man fragen: was soll es verbergen? Wovon soll es den Blick ablenken? Welches Vorurtheil soll es erregen? und dann noch: bis wie weit geht die Feinheit dieser Verstellung? Und worin vergreift er sich dabei?[303]

* * *

Der Einsiedler redet. – Die Kunst, mit Menschen umzugehn, beruht wesentlich auf der Geschicklichkeit (die eine lange Uebung voraussetzt), eine Mahlzeit anzunehmen, einzunehmen, zu deren Küche man kein Vertrauen hat. Gesetzt, dass man mit einem Wolfshunger zu Tisch kommt, geht Alles leicht (»die schlechteste Gesellschaft lässt dich fühlen –«, wie Mephistopheles sagt); aber man hat ihn nicht, diesen Wolfshunger, wenn man ihn braucht! Ah, wie schwer sind die Mitmenschen zu verdauen! Erstes Princip: wie bei einem Unglücke seinen Muth einsetzen, tapfer zugreifen, sich selbst dabei bewundern, seinen Widerwillen zwischen die Zähne nehmen, seinen Ekel hinunter stopfen. Zweites Princip: seinen Mitmenschen »verbessern«, zum Beispiel durch ein Lob, so dass er sein Glück über sich selbst auszuschwitzen beginnt; oder einen Zipfel von seinen guten oder »interessanten« Eigenschaften fassen und daran ziehn, bis man die ganze Tugend heraus hat und den Mitmenschen in deren Falten unterstecken kann. Drittes Princip: Selbsthypnotisirung. Sein Verkehrs-Objekt wie einen gläsernen Knopf fixiren, bis man aufhört, Lust und Unlust dabei zu empfinden, und unbemerkt einschläft, starr wird, Haltung bekommt: ein Hausmittel aus der Ehe und Freundschaft, reichlich erprobt, als unentbehrlich gepriesen, aber wissenschaftlich noch nicht formulirt. Sein populärer Name ist – Geduld.[304]

# 13.

## *»Auf, lasst uns den Geist der Schwere tödten«* – Philosophie der Freude

*Sind nicht Freude und Glück die höchsten Ziele einer Kunst der Gesundheit? Auch die Philosophie hat immer schon Wege zum Glück, zur Eudaimonia gesucht. Nietzsche betont zunächst, auf welchen – bisher empfohlenen – Wegen es seiner Meinung nach nicht zu finden sei, z. B. auf jenem, der das Glück als Ausfluß der Tugend zu bestimmen versuchte. Glück ist nicht der Lohn des »Guten«, wie es die platonisch-christliche Tradition will; eher scheint umgekehrt Tugend eine Folge des Glücks, streben doch glückliche Menschen instinktiv danach, etwas von ihrem Glück weiterzugeben, besser, vollkommener zu werden.*

*Allzulange hat man die Menschen mit jenseitigen Heilsversprechen davon abgelenkt, ihr Glück im Diesseits zu suchen, allzulange auch hat man sie Glauben machen wollen, es könne allgemeingültige Rezepte geben, wie es zu erlangen sei.*

*Nietzsche ist hier anspruchsvoller und bescheidener zugleich: anspruchsvoller, insofern er einmal mehr betont, daß es jedem Einzelnen selbst aufgegeben bleibt, sich seinen individuellen Weg zum Glück zu bahnen; bescheidener, insofern in seinen Überlegungen gar nicht so sehr das Glücklich-sein als vielmehr das Sich-freuen-können im Zentrum steht. In der Freude bekundet sich eine besondere Form der Aufmerksamkeit gegenüber dem Dasein, in der wir darauf schauen, was es »für uns«, für unsere Sinne und unsere Genußfähigkeit zu bieten hat. Zugleich erleben wir uns dabei selbst als Schöpfer dieser lebendigen, lustvollen Beziehung zur Welt. Diese künstlerische Perspektive macht es uns einerseits leichter, uns von den Ansprüchen, denen wir uns ausgesetzt glauben, immer wieder zu distanzieren. Andererseits lernen wir dabei auch über uns selber lachen, wenn wir entdecken, wie oft wir die Narren jenes falschen Ernstes sind, dessen Schatten uns immer wieder das Leben zu verdunkeln drohen.*

*Für Nietzsche ist es das Denken als »fröhliche Wissenschaft« ge-*

*wesen, das ihm die Erfüllung der höchsten Wünsche in Aussicht stellte, auf die eine Kunst der Gesundheit hoffen darf: »Ruhe, Grösse, Sonnenlicht« – Beruhigung, Erhebung, Erhellung.*

Vom Stundenzeiger des Lebens. – Das Leben besteht aus seltenen einzelnen Momenten von höchster Bedeutsamkeit und unzählig vielen Intervallen, in denen uns besten Falls die Schattenbilder jener Momente umschweben. Die Liebe, der Frühling, jede schöne Melodie, das Gebirge, der Mond, das Meer – Alles redet nur einmal ganz zum Herzen: wenn es überhaupt je ganz zu Worte kommt. Denn viele Menschen haben jene Momente gar nicht und sind selber Intervalle und Pausen in der Symphonie des wirklichen Lebens.[305]

* * *

Einige Thesen. – Dem Individuum, sofern es sein Glück will, soll man keine Vorschriften über den Weg zum Glück geben: denn das individuelle Glück quillt aus eigenen, Jedermann unbekannten Gesetzen, es kann mit Vorschriften von Aussen her nur verhindert, gehemmt werden. – Die Vorschriften, welche man »moralisch« nennt, sind in Wahrheit gegen die Individuen gerichtet und wollen durchaus nicht deren Glück (…)

Nur wenn die Menschheit ein allgemein anerkanntes Ziel hätte, könnte man vorschlagen »so und so soll gehandelt werden«: einstweilen giebt es kein solches Ziel. Also soll man die Forderungen der Moral nicht in Beziehung zur Menschheit setzen, es ist diess Unvernunft und Spielerei.[306]

* * *

An dem Gleich-sein-wollen verkümmert die Fähigkeit der Freude.[307]

* * *

Verfälschung der Freude. – Keinen Tag länger eine Sache gut heissen als sie uns gut scheint, und vor Allem: keinen Tag früher, – das ist das einzige Mittel, sich die Freude ächt zu erhalten: die sonst allzuleicht fade und faul im Geschmacke wird und jetzt für ganze Schichten des Volkes zu den verfälschten Lebensmitteln gehört.[308]

Freude an sich. – »Freude an der Sache« so sagt man: aber in Wahrheit ist es Freude an sich vermittelst einer Sache.[309]

* * *

Die Seelen-Aerzte und der Schmerz. – Alle Moralprediger, wie auch alle Theologen, haben eine gemeinsame Unart: alle suchen den Menschen aufzureden, sie befänden sich sehr schlecht und es thue eine harte letzte radicale Cur noth. Und weil die Menschen insgesammt jenen Lehren ihr Ohr zu eifrig und ganze Jahrhunderte lang hingehalten haben, ist zuletzt wirklich Etwas von jenem Aberglauben, dass es ihnen sehr schlecht gehe, auf sie übergegangen: sodass sie jetzt gar zu gerne einmal bereit sind, zu seufzen und Nichts mehr am Leben zu finden und miteinander betrübte Mienen zu machen, wie als ob es doch gar schwer auszuhalten sei. In Wahrheit sind sie unbändig ihres Lebens sicher und in dasselbe verliebt und voller unsäglicher Listen und Feinheiten, um das Unangenehme zu brechen und dem Schmerze und Unglücke seinen Dorn auszuziehen. Es will mir scheinen, dass vom Schmerze und Unglücke immer übertrieben geredet werde, wie als ob es eine Sache der guten Lebensart sei, hier zu übertreiben: man schweigt dagegen geflissentlich davon, dass es gegen den Schmerz eine Unzahl Linderungsmittel giebt (…)

Ein Verlust ist kaum eine Stunde ein Verlust: irgendwie ist uns damit auch ein Geschenk vom Himmel gefallen – eine neue Kraft zum Beispiel: und sei es auch nur eine neue Gelegenheit zur Kraft! Was haben die Moralprediger vom inneren »Elend« der bösen Menschen phantasirt! Was haben sie gar vom Unglücke der leidenschaftlichen Menschen uns vorgelogen! – ja, lügen ist hier das rechte Wort: sie haben um das überreiche Glück dieser Art von Menschen recht wohl gewusst, aber es todtgeschwiegen, weil es eine Widerlegung ihrer Theorie war, nach der alles Glück erst mit der Vernichtung der Leidenschaft und dem Schweigen des Willens entsteht! Und was zuletzt das Recept aller dieser Seelen-Aerzte betrifft und ihre Anpreisung einer harten radicalen Cur: so ist es erlaubt, zu fragen: ist dieses unser Leben wirklich schmerzhaft und lästig genug, um mit Vortheil eine stoische Lebensweise und Versteinerung dagegen einzutauschen? Wir befinden uns nicht schlecht genug, um uns auf stoische Art schlecht befinden zu müssen![310]

DIE SUMME VON GEIST, welche die Menschen auf Bekämpfung der Übel verwenden, fehlt ihnen zur Erfindung der Freude; deshalb brachte es die Menschheit im Ganzen bis jetzt nicht höher, als bis zu Trostmitteln.[311]

* * *

DIE ALLGEMEINSTE FORMEL, die jeder Religion und Moral zu Grunde liegt, heisst: »Thue das und das, lass das und das – so wirst du glücklich! Im andern Falle ...« Jede Moral, jede Religion ist dieser Imperativ, – ich nenne ihn die grosse Erbsünde der Vernunft, die unsterbliche Unvernunft. In meinem Munde verwandelt sich jene Formel in ihre Umkehrung – erstes Beispiel meiner »Umwerthung aller Werthe«: ein wohlgerathener Mensch, ein »Glücklicher«, muss gewisse Handlungen thun und scheut sich instinktiv vor anderen Handlungen, er trägt die Ordnung, die er physiologisch darstellt, in seine Beziehungen zu Menschen und Dingen hinein. In Formel: seine Tugend ist die Folge seines Glücks.[312]

* * *

»GAUDEAMUS IGITUR«. – Die Freude muss auch für die sittliche Natur des Menschen auferbauende und ausheilende Kräfte enthalten: wie käme es sonst, dass unsere Seele, sobald sie im Sonnenschein der Freude ruht, sich unwillkürlich gelobt »gut sein!« »vollkommen werden!« und dass dabei ein Vorgefühl der Vollkommenheit, gleich einem seligen Schauder, sie erfasst?[313]

* * *

WÜRDE UND UNWISSENHEIT im Bunde. – Wo wir verstehen, da werden wir artig, glücklich, erfinderisch, und überall, wo wir nur genug gelernt und uns Augen und Ohren gemacht haben, zeigt unsere Seele mehr Geschmeidigkeit und Anmuth. Aber wir begreifen so Wenig und sind armselig unterrichtet, und so kommt es selten dazu, dass wir eine Sache umarmen und uns dabei selber liebenswerth machen: vielmehr gehen wir steif und unempfindlich durch die Stadt, die Natur, die Geschichte und bilden uns Etwas auf diese Haltung und Kälte ein, als ob sie eine Wirkung der Überlegenheit sei. Ja, unsere Unwissenheit und unser geringer Durst nach Wissen verstehen sich trefflich darauf, als Würde, als Charakter einherzustolzieren.[314]

* * *

Die Welt wird für Den immer voller, welcher in die Höhe der Menschlichkeit hinauf wächst; es werden immer mehr Angelhaken des Interesses nach ihm ausgeworfen; die Menge seiner Reize ist beständig im Wachsen und ebenso die Menge seiner Arten von Lust und Unlust, – der höhere Mensch wird immer zugleich glücklicher und unglücklicher. Dabei aber bleibt ein Wahn sein beständiger Begleiter: er meint, als Zuschauer und Zuhörer vor das grosse Schau- und Tonspiel gestellt zu sein, welches das Leben ist: er nennt seine Natur eine contemplative und übersieht dabei, dass er selber auch der eigentliche Dichter und Fortdichter des Lebens ist (…)

Was nur Werth hat in der jetzigen Welt, das hat ihn nicht an sich, seiner Natur nach, – die Natur ist immer werthlos: – sondern dem hat man einen Werth einmal gegeben, geschenkt, und wir waren diese Gebenden und Schenkenden! Wir erst haben die Welt, die den Menschen Etwas angeht, geschaffen! – Gerade dieses Wissen aber fehlt uns, und wenn wir es einen Augenblick einmal erhaschen, so haben wir es im nächsten wieder vergessen.[315]

* * *

Was man den Künstlern ablernen soll. – Welche Mittel haben wir, uns die Dinge schön, anziehend, begehrenswerth zu machen, wenn sie es nicht sind? – und ich meine, sie sind es an sich niemals! Hier haben wir von den Aerzten Etwas zu lernen, wenn sie zum Beispiel das Bittere verdünnen oder Wein und Zucker in den Mischkrug thun; aber noch mehr von den Künstlern, welche eigentlich fortwährend darauf aus sind, solche Erfindungen und Kunststücke zu machen. Sich von den Dingen entfernen, bis man Vieles von ihnen nicht mehr sieht und Vieles hinzusehen muss, um sie noch zu sehen – oder die Dinge um die Ecke und wie in einem Ausschnitte sehen – oder sie so stellen, dass sie sich theilweise verstellen und nur perspectivische Durchblicke gestatten – oder sie durch gefärbtes Glas oder im Lichte der Abendröthe anschauen – oder ihnen eine Oberfläche und Haut geben, welche keine volle Transparenz hat: das Alles sollen wir den

Künstlern ablernen und im Uebrigen weiser sein, als sie. Denn bei ihnen hört gewöhnlich diese ihre feine Kraft auf, wo die Kunst aufhört und das Leben beginnt; wir aber wollen die Dichter unseres Lebens sein, und im Kleinsten und Alltäglichsten zuerst.[316]

* * *

Krumm kommen alle guten Dinge ihrem Ziele nahe. Gleich Katzen machen sie Buckel, sie schnurren innewendig vor ihrem nahen Glücke, – alle guten Dinge lachen.[317]

* * *

Freude am Unsinn. – Wie kann der Mensch Freude am Unsinn haben? So weit nämlich auf der Welt gelacht wird, ist diess der Fall; ja man kann sagen, fast überall wo es Glück giebt, giebt es Freude am Unsinn. Das Umwerfen der Erfahrung in's Gegentheil, des Zweckmässigen in's Zwecklose, des Nothwendigen in's Beliebige, doch so, dass dieser Vorgang keinen Schaden macht und nur einmal aus Uebermuth vorgestellt wird, ergötzt, denn es befreit uns momentan von dem Zwange des Nothwendigen, Zweckmässigen und Erfahrungsgemässen, in denen wir für gewöhnlich unsere unerbittlichen Herren sehen; wir spielen und lachen dann, wenn das Erwartete (das gewöhnlich bange macht und spannt) sich, ohne zu schädigen, entladet.[318]

* * *

Welches war hier auf Erden bisher die grösste Sünde? War es nicht das Wort Dessen, der sprach: »Wehe Denen, die hier lachen!«

Fand er zum Lachen auf der Erde selber keine Gründe? So suchte er nur schlecht. Ein Kind findet hier noch Gründe.

Der – liebte nicht genug: sonst hätte er auch uns geliebt, die Lachenden! Aber er hasste und höhnte uns, Heulen und Zähneklappern verhiess er uns.

Muss man denn gleich fluchen, wo man nicht liebt? Das – dünkt mich ein schlechter Geschmack. Aber so that er, dieser Unbedingte.[319]

NICHT DURCH ZORN, sondern durch Lachen tödtet man. Auf, lasst uns den Geist der Schwere tödten![320]

* * *

WIE VIELES ist noch möglich! So lernt doch über euch hinweg lachen! Erhebt eure Herzen, ihr guten Tänzer, hoch! höher! Und vergesst mir auch das gute Lachen nicht!

Diese Krone des Lachenden, diese Rosenkranz-Krone: euch, meinen Brüdern, werfe ich diese Krone zu! Das Lachen sprach ich heilig; ihr höheren Menschen, lernt mir – lachen![321]

* * *

UNSERE letzte Dankbarkeit gegen die Kunst. –

(…) Wir müssen zeitweilig von uns ausruhen, dadurch, dass wir auf uns hin und hinab sehen und, aus einer künstlerischen Ferne her, über uns lachen oder über uns weinen; wir müssen den Helden und ebenso den Narren entdecken, der in unsrer Leidenschaft der Erkenntniss steckt, wir müssen unsrer Thorheit ab und zu froh werden, um unsrer Weisheit froh bleiben zu können! Und gerade weil wir im letzten Grunde schwere und ernsthafte Menschen und mehr Gewichte als Menschen sind, so thut uns Nichts so gut als die Schelmenkappe: wir brauchen sie vor uns selber – wir brauchen alle übermüthige, schwebende, tanzende, spottende, kindische und selige Kunst, um jener Freiheit über den Dingen nicht verlustig zu gehen, welche unser Ideal von uns fordert. Es wäre ein Rückfall für uns, gerade mit unsrer reizbaren Redlichkeit ganz in die Moral zu gerathen und um der überstrengen Anforderungen willen, die wir hierin an uns stellen, gar noch selber zu tugendhaften Ungeheuern und Vogelscheuchen zu werden. Wir sollen auch über der Moral stehen können: und nicht nur stehen, mit der ängstlichen Steifigkeit eines Solchen, der jeden Augenblick auszugleiten und zu fallen fürchtet, sondern auch über ihr schweben und spielen! Wie könnten wir dazu der Kunst, wie des Narren entbehren? – Und so lange ihr euch noch irgendwie vor euch selber schämt, gehört ihr noch nicht zu uns![322]

Es giebt Vorstellungen, welche die Aufgabe des Weins haben: sie erheben vergnügen ermuthigen, aber viel genossen erzeugen sie den Rausch und oft genossen ein Bedürfniß, ohne dessen Befriedigung das Leben oede und unausstehlich wird.[323]

* * *

Man trachte immerhin nach allen Freuden, aber besinne sich wohl bei jenen, welche nothwendig Unlust und Erschöpfung nach sich ziehen; dies sind je nach der Art des Menschen die betäubenden und erschütternden Genüsse der Begeisterung, des Mitleidens, der Ekstase, des Zorns, der Rache oder des Alcohols, des Opiums, der Geschlechtlichkeit usw. Zuletzt wird man als die werthvollsten Freuden weder die höchsten, noch die schwächsten, sondern die mittleren bezeichnen und erstreben: das heißt die, welche Dauer haben und keine Unlust nach sich ziehen und anderseits intensiver sind als die schwächsten. Insofern haben Plato und Aristoteles Recht, in den Freuden der Erkenntniß das Erstrebenswertheste zu sehen – vorausgesetzt daß sie damit eine persönliche Erfahrung und nicht eine allgemeine aussprechen wollen: denn für die meisten Menschen gehören die Freuden der Erkenntniß zu den schwächsten und stehen tief unter den Freuden der Mahlzeit.[324]

* * *

Gefahr des Glücklichsten. – Feine Sinne und einen feinen Geschmack haben; an das Ausgesuchte und Allerbeste des Geistes wie an die rechte und nächste Kost gewöhnt sein; einer starken, kühnen, verwegenen Seele geniessen; mit ruhigem Auge und festem Schritt durch das Leben gehen, immer zum Aeussersten bereit, wie zu einem Feste und voll des Verlangens nach unentdeckten Welten und Meeren, Menschen und Göttern; (…) wer möchte nicht, dass das Alles gerade sein Besitz, sein Zustand wäre! (…) Aber man verberge es sich nicht: mit diesem Glücke Homer's in der Seele ist man auch das leidensfähigste Geschöpf unter der Sonne! Und nur um diesen Preis kauft man die kostbarste Muschel, welche die Wellen des Daseins bisher an's Ufer gespült haben![325]

Tod. – Durch die sichere Aussicht auf den Tod könnte jedem Leben ein köstlicher, wohlriechender Tropfen von Leichtsinn beigemischt sein – und nun habt ihr wunderlichen Apotheker-Seelen aus ihm einen übelschmeckenden Gift-Tropfen gemacht, durch den das ganze Leben widerlich wird![326]

* * *

Ernst nehmen. – Die liebliche Bestie Mensch verliert jedesmal, wie es scheint, die gute Laune, wenn sie gut denkt; sie wird »ernst«! Und »wo Lachen und Fröhlichkeit ist, da taugt das Denken Nichts«: – so lautet das Vorurtheil dieser ernsten Bestie gegen alle »fröhliche Wissenschaft«. – Wohlan! Zeigen wir, dass es ein Vorurtheil ist![327]

* * *

Der wahre Denker erheitert und erquickt immer, ob er nun seinen Ernst oder seinen Scherz, seine menschliche Einsicht oder seine göttliche Nachsicht ausdrückt; ohne griesgrämige Gebärden, zitternde Hände, schwimmende Augen, sondern sicher und einfach, mit Muth und Stärke, vielleicht etwas ritterlich und hart, aber jedenfalls als ein Siegender: und das gerade ist es, was am tiefsten und innigsten erheitert, den siegenden Gott neben allen den Ungethümen, die er bekämpft hat, zu sehen.

[Dem Menschen könne] nichts Fröhlicheres und Besseres zu Theil werden …, als einem jener Siegreichen nahe zu sein, die, weil sie das Tiefste gedacht, gerade das Lebendigste lieben müssen und als Weise am Ende sich zum Schönen neigen.[328]

* * *

Die guten Drei. – Ruhe, Grösse, Sonnenlicht, – diese drei umfassen Alles, was ein Denker wünscht und auch von sich fordert: seine Hoffnungen und Pflichten, seine Ansprüche im Intellectuellen und Moralischen, sogar in der täglichen Lebensweise und selbst im Landschaftlichen seines Wohnsitzes. Ihnen entsprechen einmal erhebende Gedanken, sodann beruhigende, drittens aufhellende, – viertens aber

Gedanken, welche an allen drei Eigenschaften Antheil haben, in denen alles Irdische zur Verklärung kommt: es ist das Reich, wo die grosse Dreifaltigkeit der Freude herrscht.[329]

# Zitatnachweise

Wo nicht anders angegeben, werden Nietzsches Werke nach folgender Ausgabe zitiert:

Friedrich Nietzsche: Sämtliche Werke. Kritische Studienausgabe in 15 Bdn. Hg. Giorgio Colli u. Mazzino Montinari, München (dtv/de Gruyter) 1988. **[KSA]**

Zitiert wird unter Angabe des Werk-Kürzels (s. Siglenverzeichnis), Band-Angabe, Seitenzahl (nach KSA).

**Nachgelassene Fragmente** (in der KSA die Bände 7–13) sind durch das Kürzel **NF** kenntlich, worauf die Fragmentgruppe (Fragmentnummer in Klammern) sowie der Standort in der KSA (Band/Seitenzahl) folgen.

Weitere Ausgaben, die verwendet wurden:

**KGW**: Nietzsche Werke. Kritische Gesamtausgabe, begründet von Giorgio Colli u. Mazzino Montinari, weitergeführt von Wolfgang Müller-Lauter u. Karl Pestalozzi, Berlin/New York (de Gruyter).

**KSB**: Friedrich Nietzsche: Sämtliche Briefe. Kritische Studienausgabe in 8 Bänden. Hg. Giorgio Colli u. Mazzino Montinari, München (dtv/de Gruyter) 1986

# Siglenverzeichnis

| | |
|---|---|
| **GT** | Die Geburt der Tragödie aus dem Geiste der Musik |
| **HL** | Über Nutzen und Nachtheil der Historie für das Leben |
| **SE** | Schopenhauer als Erzieher |
| **MAM I,II** | Menschliches, Allzumenschliches, Bd. I u. II |
| **M** | Morgenröthe |
| **FW** | Die fröhliche Wissenschaft |
| **Za I–IV** | Also sprach Zarathustra, Teil I–IV |
| **JGB** | Jenseits von Gut und Böse |
| **GM** | Zur Genealogie der Moral |
| **WA** | Der Fall Wagner |
| **GD** | Götzendämmerung |
| **EH** | Ecce Homo |
| **NW** | Nietzsche contra Wagner |
| **NF** | Nachgelassene Fragmente |

# Anmerkungen

1 Wer sich diesbezüglich selbst ein Bild machen will, der lese die ausgezeichnete Darstellung zu Nietzsches Krankheiten bei Pia Daniela Volz, Nietzsche im Labyrinth seiner Krankheit. Königshausen & Neumann, 1990. Wie kontrovers vor allem die Ursachen für seinen geistigen Zusammenbruch bis heute diskutiert werden, zeigen neueste Forschungsansätze, auf die summarisch das jüngst erschienene Themenheft »Nietzsche in Jena. Beiträge zu Friedrich Nietzsches Krankheit und sein Klinikaufenthalt in Jena 1889/90« des Periodikums »Weimar-Jena. Die große Stadt«, Jg. 4, Heft 1, 2011 hinweist. Vgl. dazu etwa auch: Christiane Koszka, MELAS (Mitochondriale Enzephalomyopathie, Laktatazidose und schlaganfallähnliche Episoden) – eine neue Diagnose von Nietzsches Krankheit«, in: Nietzsche-Studien 39 (2010), 573–578. Dimitri Hemelsoet, Karen Hemelsoet u. Daniel Devreese, The neurological illness of Friedrich Nietzsche, in: Acta Neurologica Belgica 1(2008), 9–16.

2 FW, 3/379 f.

3 NF 32(73), 7/780.

4 M, 3/272.

5 SE, 1/417 f.

6 HL, 1/328 f.

7 NF 19(42), 7/432 f.

8 NF 26(18), 7/584.

9 NF 19(27), 7/424.

10 M, 3/270.

11 M, 3/34.

12 MAM II, 2/687.

13 MAM II, 2/687.

14 MAM I, 2/350.

15 MAM II, 2/515.

16 FW, 3/347.

17 M, 3/294.

18 NF 5(1), 10/218.

19 NF 34(24), 7/799.

20 EH, 6/326.

21 MAM I, 2/234.

22 M, 3/104–107.

23 MAM I, 2/17 f.

24 EH, 6/266.

25 MAM II, 2/520.

26 NF 24(1), 13/615.

27 MAM II, 2/522.

28 NF 14(65), 13/250.

29 NF 2(97), 12/108.

30 WA, 6/21.

31 MAM II, 2/696.

32 NF 7(167), 9/351.

33 NW, 6/436 f.

34 NF 5(23), 12/194.

35 NF 7(124), 9/343.

36 FW, 3/550.

37 NF 24(1), 13/628.

38 NF 4(93), 9/123.

39 GM, 5/377 ff.

40 M, 3/247.

41 M, 3/56.

42 M, 3/230.

43 NF 3(2), 9/47.

44 M, 3/246.

45 MAM II, 2/523.

46 M, 3/211.

47 NF 31(4), 7/748 f.

48 MAM II, 2/689.

[49] M, 3/305 f.
[50] NF 7(31), 9/324.
[51] M, 3/278.
[52] MAM I, 2/233.
[53] NF 3(45), 9/59.
[54] FW, 3/477.
[55] NF 11(258), 9/539.
[56] EH, 6/281 ff.
[57] M, 3/232.
[58] M, 3/242.
[59] KSB, 7/205.
[60] FW, 3/485.
[61] NF 25(162), 11/56.
[62] KSB, 8/240.
[63] MAM II, 2/375.
[64] NF 41(9), 11/685.
[65] NF 9(1), 10/360.
[66] MAM I, 2/362 f.
[67] FW, 3/516.
[68] NF 23(196), 8/473.
[69] MAM I, 2/349.
[70] MAM II, 2/689.
[71] MAM II, 2/483 f.
[72] MAM II, 2/641.
[73] MAM I, 2/234.
[74] FW, 386 f.
[75] FW, 3/614.
[76] EH, 6/281.
[77] NF 9(70), 12/372.
[78] FW, 3/365.
[79] EH, 6/341.
[80] NF 16(86), 10/530.
[81] NF 15(117), 13/476.
[82] Za III, 4/244.
[83] Za I, 4/49 f.
[84] MAM II, 2/410.
[85] NF 31(64), 11/394.
[86] M, 3/57.
[87] MAM II, 2/492.
[88] NF 22(1), 10/606.
[89] FW, 3/440 ff.
[90] FW, 3/617.
[91] NF 24(14), 10/650.
[92] MAM I, 2/44.
[93] NF 25(13), 11/14 f.
[94] SE, 1/379 f.
[95] NF 18(34), 10/575.
[96] MAM I, 2/232 f.
[97] NF 17(22), 8/300.
[98] MAM II, 2/653.
[99] MAM II, 2/653.
[100] MAM I, 2/346.
[101] MAM II, 2/400.
[102] NF 4(91), 9/122.
[103] JGB, 5/110.
[104] HL, 1/313.
[105] HL, 1/299 ff.
[106] M, 3/157.
[107] M, 3/154.
[108] M, 3/156 f.
[109] HL, 1/295.
[110] FW, 3/614 f.
[111] FW, 3/391 ff.
[112] MAM II, 2/505.
[113] SE, 1/392.
[114] NF 19(89), 8/352.
[115] SE, 1/367.
[116] NF 30(25), 7/741.
[117] NF 35(13), 7/819.
[118] FW, 3/556 f.
[119] MAM II, 2/623.
[120] MAM II, 2/454 f.
[121] NF 35(12), 7/814 f.
[122] HL, 1/299.
[123] MAM I, 2/230 f.
[124] FW, 3/524 f.
[125] NF 7(192), 10/303.
[126] MAM I, 2/232.
[127] NF 1(80), 9/24.
[128] FW, 3/408 f.
[129] MAM I, 2/352 f.
[130] MAM II, 2/696.
[131] MAM II, 2/641.
[132] M, 3/269.
[133] MAM II, 2/574.
[134] NF 10(18), 12/464.
[135] NF 4(58), 10/127.
[136] MAM II, 2/641 f.
[137] M, 3/179.
[138] EH, 6/279 ff.
[139] NF 31(4), 7/749.
[140] FW, 3/485 f.
[141] MAM II, 2/698.
[142] GD, 6/104.

[143] NF 12(71), 9/588.
[144] NF 4(237), 9/159.
[145] MAM II, 2/496.
[146] MAM II, 2/597.
[147] FW, 3/635.
[148] NF 7(15), 9/319 f.
[149] KGW II/4, Vorlesungsaufzeichnungen (WS 1871/72 – WS 1874/75), 217 f.
[150] EH, 6/295 f.
[151] MAM II, 2/550 f.
[152] EH, 6/294.
[153] MAM II, 2/541.
[154] MAM II, 2/542 f.
[155] M, 3/51 f.
[156] MAM II, 2/532.
[157] MAM II, 2/575 f.
[158] MAM I, 2/353.
[159] MAM II, 2/638.
[160] NF 8(69), 7/249.
[161] MAM I, 2/19.
[162] HL, 1/319.
[163] NF 29(74), 7/662.
[164] MAM I, 2/133.
[165] MAM I, 2/190.
[166] M, 3/61 f.
[167] MAM I, 2/192.
[168] NF 3(1), 9/47.
[169] FW, 3/583.
[170] M, 3/21 f. u. 24.
[171] MAM II, 2/698.
[172] MAM I, 2/233.
[173] MAM I, 2/334.
[174] MAM I, 2/252.
[175] M, 3/141 f.
[176] SE, 1/379 f.
[177] MAM I, 2/327.
[178] MAM I, 2/231 f.
[179] FW, 3/595.
[180] NF 7(12), 9/319.
[181] FW, 3/545.
[182] M, 3/170 f.
[183] NF 2(66), 9/44.
[184] FW, 3/555.
[185] M, 3/92 f.
[186] NF 3(59), 9/63.
[187] NF 3(60), 9/63.
[188] NF 11(226), 9/528.
[189] HL, 1/333.
[190] SE, 1/337 f.
[191] M, 3/267.
[192] SE, 1/339 f.
[193] NF 29(210), 7/714.
[194] MAM II, 2/667 f.
[195] NF 3(24), 9/53 f.
[196] NF 7(6), 12/277 f.
[197] MAM II, 2/696 f.
[198] MAM I, 2/235 f.
[199] Za III, 4/245.
[200] Za IV, 4/361.
[201] SE, 1/340.
[202] FW, 3/567 f.
[203] MAM II, 2/524.
[204] NF 7(213), 9/361.
[205] M, 3/248.
[206] NF 7(211), 9/361.
[207] NF 7(49), 9/327.
[208] NF 6(48), 8/115.
[209] M, 3/12.
[210] MAM II, 2/486.
[211] NF 40(59), 11/657 f.
[212] M, 3/270.
[213] NF 5(6), 9/182.
[214] SE, 1/359.
[215] MAM I, 2/319.
[216] KSB, 6/50.
[217] MAM II, 2/696.
[218] NF 7(144), 10/290.
[219] NF 37(12), 11/587 f.
[220] NF 5(31), 10/225.
[221] Za I, 4/15.
[222] Za I, 4/39 f.
[223] NF 31(4), 7/749.
[224] NF 42(29), 8/601.
[225] NF 15(89), 13/458.
[226] FW, 3/534 f.
[227] M, 3/46 f.
[228] EH, 6/373 f.
[229] M, 3/73 f.
[230] FW, 3/348 f.
[231] FW, 3/349 f.
[232] NF 4(285), 9/170.
[233] M, 3/323 f.
[234] FW, 3/535 f.
[235] NF 40(59), 11/658.

236 MAM II, 2/522.
237 MAM I, 2/280.
238 MAM I, 2/355.
239 MAM I, 2/358.
240 M, 3/223.
241 FW, 3/511.
242 FW, 3/536 f.
243 MAM I, 2/349.
244 MAM II, 2/386.
245 NF 1(70), 10/28.
246 NF 11(304), 9/558.
247 MAM I, 2/320.
248 FW, 3/544 f.
249 FW, 3/622 f.
250 M, 3/330.
251 MAM II, 2/487.
252 KSB, 8/209.
253 MAM I, 2/206.
254 MAM I, 2/228 f.
255 NF 8(27), 10/343.
256 NF 15(113), 13/471.
257 M, 3/297.
258 NF 2(40), 9/40.
259 M, 3/244.
260 NF 3 (124), 9/87.
261 FW, 3/537.
262 NF 10(87), 12/506.
263 MAM I, 2/350.
264 FW, 3/496.
265 MAM I, 2/337.
266 M, 3/221.
267 MAM II, 2/408.
268 MAM I, 2/342 f.
269 FW, 3/559 f.
270 NF 3(151), 9/96.
271 M, 3/280 f.
272 NF 6(450), 9/314.
273 MAM I, 2/95.
274 NF 1(114), 9/30.
275 MAM I, 2/348.
276 MAM I, 2/320.
277 MAM I, 2/338.
278 M, 3/257.
279 M, 3/217.
280 M, 3/252.
281 MAM I, 2/126 f.
282 M, 3/299.
283 M, 3/300.
284 MAM I, 2/344.
285 M, 3/244.
286 M, 3/111.
287 JGB, 5/97.
288 NF 12(194), 9/609.
289 NF 4(116), 9/130.
290 MAM II, 2/521.
291 MAM I, 2/262 f.
292 MAM I, 2/261.
293 JGB, 5/97.
294 NF 4(4), 10/109.
295 MAM I, 2/88.
296 M, 3/249.
297 FW, 416.
298 M, 3/251.
299 M, 3/301.
300 MAM I, 2/259.
301 M, 3/303.
302 M, 3/247 f.
303 M, 3/301.
304 FW, 3/612 f.
305 MAM I, 2/337.
306 M, 3/95 f.
307 NF 1(16), 9/11.
308 MAM II, 2/514.
309 MAM I, 2/320.
310 FW, 3/553 f.
311 NF 3(82), 9/68.
312 GD, 6/89.
313 MAM II, 2/517.
314 M, 3/328.
315 FW, 3/539 f.
316 FW, 3/538.
317 Za IV, 4/365.
318 MAM I, 2/174.
319 Za IV, 4/365.
320 Za IV, 4/49.
321 Za IV, 4/367 f.
322 FW, 3/464 f.
323 NF 4(265), 9/166.
324 NF 3(9), 9/49 f.
325 FW, 3/541.
326 MAM II, 2/695.
327 FW, 3/555.
328 SE, 1/348 f.
329 MAM II, 2/697 f.

Zeitfracht Medien GmbH
Ferdinand-Jühlke-Straße 7
99095 Erfurt, Deutschland
produktsicherheit@kolibri360.de